politik. wirtschaft. gesellschaft.

Ergänzungsband

Zentralabitur 2015

Themenheft für die Sekundarstufe II

erarbeitet von Dr. Michael Ebert, Ingo Langhans
und Stefan Prochnow

Ernst Klett Verlag
Stuttgart·Leipzig

1. Auflage   ⁵ ⁴ ³ ² ¹
                              1 | 2017 16 15 14 13

Alle Drucke dieser Auflage sind unverändert und können im Unterricht nebeneinander verwendet werden.
Die letzte Zahl bezeichnet das Jahr des Druckes.

Autoren: Dr. Michael Ebert, Lüneburg; Ingo Langhans, Reinbek; Stefan Prochnow, Hanau

Redaktion: Marion Fichtner, Hannover; Marina Dorawa, Dortmund
Herstellung: Antje Heusing

Satz: krauß-verlagsservice, Augsburg
Druck: Mediahaus Biering GmbH, München

Printed in Germany
ISBN 978-3-12-006648-4

Inhalt

Die mit → gekennzeichneten Begriffe sind im Glossar beschrieben und erklärt.

1 Demokratie und sozialer Rechtsstaat

1.1 Medien in der Demokratie

1.1.1 Rolle und Funktion der Medien in demokratischen Systemen

M1 Weimarer Republik

„Es wird uns Mitarbeitern der ‚Weltbühne' der Vorwurf gemacht, wir sagten zu allem Nein und seien nicht positiv genug. [...]" So schrieb Kurt Tucholsky 1919 in der „Weltbühne". Später, im Exil kurz vor seinem Selbstmord 1935, hat er im
5 Negativismus die entscheidende Schwäche der Weimarer Demokraten gesehen. Hatte er Recht? [...] Obwohl sich das Rechtssystem insgesamt bewährte, bot das Reichspressegesetz den verfassungsfeindlichen Parteien durchaus Schlupflöcher, insbesondere das Amt des Verantwortlichen Redak-
10 teurs. [...] Da Abgeordnete, durch die Immunität geschützt, nicht zu belangen waren, konnte die extremistische Presse hinter dem breiten Rücken dieser Strohmänner gegen den jungen Staat hetzen. Andererseits war die Republik nicht so wehrlos wie später häufig dargestellt. Das politische Straf-
15 recht der Republikschutzgesetze von 1922 und 1929 und der präsidialen Notverordnungen erlaubte massive Eingriffe [...]. Im Vergleich zu heute hatte zudem die Parteipresse große Bedeutung. [...] Dabei war [am wichtigsten] die Presse des konservativ-völkischen Hugenberg-Konzerns. [...] Unter Hu-
20 genbergs Druck mussten „bürgerliche" Blätter sich nach der Decke strecken, um ihre heterogene Leserschaft bei der Stange zu halten. Die Presse der SPD blieb zwar einigermaßen stabil, aber wie die Presse des Zentrums und der Demokraten konnte sie die Radikalisierung nicht aufhalten. Während der
25 Revolution hatten sich die Zentrumsblätter im Wesentlichen indifferent verhalten, weder verteidigten sie vehement die Monarchie, noch befürworteten sie enthusiastisch die Republik. Das Verhältnis zum aufsteigenden Nationalsozialismus in der Endphase der Republik blieb ambivalent. [...]

Ob die Zeitungen mit ihrer Parlamentsberichterstattung das 30 Klima der öffentlichen Meinung hervorbrachten oder lediglich spiegelten, lässt sich im Nachhinein schon aus methodischen Gründen kaum mehr feststellen. [...] Dass herabsetzende und zynische Berichterstattung über den Reichstag als „Schwatzbude" die Weimarer Demokratie nicht eben stabili- 35 siert haben dürfte, ist anzunehmen.

Rudolf Stöber: Weimarer Republik: Schlechte Presse für Demokraten. Die Parlamentsberichte fielen häufig parteiisch aus, in: Das Parlament, Nr. 35–37, 27. August 2012, S. 9
Stöber ist Professor für Kommunikationswissenschaft an der Universität Bamberg.

Abb. 4.1: Hugenberg zu Papen: „Der Neuling da vorn mag sich ruhig einbilden zu lenken, die wirkliche Steuerung des Wirtschaftskurses haben wir!"

1.1.2 Medien im politischen System der Bundesrepublik Deutschland

M2 Grundgesetz der Bundesrepublik Deutschland (GG), Artikel 5

(1) Jeder hat das Recht, seine Meinung in Wort, Schrift und Bild frei zu äußern und zu verbreiten und sich aus allgemein zugänglichen Quellen ungehindert zu unterrichten. Die Pressefreiheit und die Freiheit der Berichterstattung durch Rund-
5 funk und Film werden gewährleistet. Eine Zensur findet nicht statt.
(2) Diese Rechte finden ihre Schranken in den Vorschriften der allgemeinen Gesetze, den gesetzlichen Bestimmungen zum Schutze der Jugend und in dem Recht der persönlichen
10 Ehre.

M3 Auslegung des Art. 5 (GG)

Die Pressefreiheit umfasst auch den Schutz vor dem Eindringen des Staates in die Vertraulichkeit der Redaktionsarbeit sowie in die Vertrauenssphäre zwischen den Medien und ihren Informanten. Die Freiheit der Medien ist konstituierend für die freiheitliche demokratische Grundordnung [...]. Eine 5 freie Presse und ein freier Rundfunk sind daher von besonderer Bedeutung für den freiheitlichen Staat [...]. Dementsprechend gewährleistet Art. 5 Abs. 1 Satz 2 GG den im Bereich von Presse und Rundfunk tätigen Personen und Organisationen Freiheitsrechte und schützt darüber hinaus in sei- 10 ner objektiv-rechtlichen Bedeutung auch die institutionelle

Eigenständigkeit der Presse und des Rundfunks [...]. Die Ge-
währleistungsbereiche der Presse- und Rundfunkfreiheit
schließen diejenigen Voraussetzungen und Hilfstätigkeiten
15 mit ein, ohne welche die Medien ihre Funktion nicht in angemessener Weise erfüllen können. Geschützt sind namentlich
die Geheimhaltung der Informationsquellen und das Ver-
trauensverhältnis zwischen Presse beziehungsweise Rundfunk und den Informanten [...]. Dieser Schutz ist unentbehr-
20 lich, weil die Presse auf private Mitteilungen nicht verzichten
kann, diese Informationsquelle aber nur dann ergiebig fließt,
wenn sich der Informant grundsätzlich auf die Wahrung des
Redaktionsgeheimnisses verlassen kann [...].

*Christof Gramm und Stefan Pieper: Grundgesetz: Bürgerkommen-
tar, Schriftenreihe der Bundeszentrale für politische Bildung,
Band 1057, 2. Aufl. Bonn 2010, S. 155
(Verweise auf die Urteile des BVerfG entfernt)*

M4 Grenzen der Pressefreiheit

Die Pressefreiheit birgt die Möglichkeit in sich, mit anderen,
vom Grundgesetz geschützten Werten in Konflikt zu geraten;
es kann sich dabei um Rechte und Interessen Einzelner, der
Verbände und Gruppen, aber auch der Gemeinschaft selbst
handeln. Für die Regelung solcher Konflikte verweist das 5
Grundgesetz auf die allgemeine Rechtsordnung, unter der
auch die Presse steht. Rechtsgüter anderer wie der Allgemeinheit, die der Pressefreiheit im Rang mindestens gleich-
kommen, müssen auch von ihr geachtet werden. Die in ge-
wisser Hinsicht bevorzugte Stellung der Presseangehörigen 10
ist ihnen um ihrer Aufgabe willen und nur im Rahmen dieser
Aufgabe eingeräumt. Es handelt sich nicht um persönliche
Privilegien; Befreiungen von allgemein geltenden Rechtsnor-
men müssen nach Art und Reichweite stets von der Sache her
sich rechtfertigen lassen. 15

*Urteil des Bundesverfassungsgerichts vom Januar 1966 zur
sogenannten „Spiegelaffäre", zitiert nach: Christof Gramm und
Stefan Pieper: ebd., S. 156*

1.1.3 Agenda-Setting, PR-Management und die Talkshow

M5 Gerhard Mester: TalkBlaBla

Abb. 5.1: „Talken wir uns zu Tode?"

M6 Themenmanagement

Auch [...] die speziell in Wahlkampfzeiten angeheuerten
→„Spin-Doktoren" und Medienberater wissen um die Bedeutung der Massenmedien. Sie versuchen daher, die Medienberichterstattung zugunsten ihrer Partei oder des von
5 ihnen betreuten Kandidaten zu beeinflussen. Zwei Ziele stehen dabei im Mittelpunkt: Erstens müssen die eigene Partei
und ihre Akteure – allen voran ihr Spitzenkandidat – von
den Wahlberechtigten wahrgenommen werden. [...] Zweitens geht es darum, diese Aufmerksamkeit für die Vermitt-
10 lung der eigenen Botschaften zu nutzen. [...] In diesen Zielen

– Medienpräsenz und positive bzw. neu-
trale Medientendenz – ähnelt Polit-PR
[Public Relations = Öffentlichkeitsarbeit]
der Markenwerbung. [...] Den größten
Stellenwert im Rahmen der Polit-PR be- 15
sitzt das Themenmanagement. Damit soll
die Themen-Agenda, die Tagesordnung
der in den Medien diskutierten Themen,
so beeinflusst bzw. genutzt werden, dass
die eigene Partei und der eigene Kandidat 20
davon profitieren. Drei Strategien stehen
zur Verfügung:

Agenda-Setting: Beim aktiven Setzen der
politischen Tagesordnung wird versucht,
jene Themen in die Medienberichterstat- 25
tung zu lancieren oder sie dort zu halten,
bei denen entweder die eigene Partei bzw.
der eigene Kandidat von der Bevölkerung
als kompetent angesehen werden oder
bei denen die Bevölkerung bei der geg- 30
nerischen Partei und dem gegnerischen
Kandidaten Defizite wahrnimmt.

Agenda-Cutting: Es wird aktiv versucht, jene Themen aus
der Medienberichterstattung fernzuhalten oder sie von dort
verschwinden zu lassen, bei denen entweder die eigene Par- 35
tei bzw. der eigene Kandidat von der Bevölkerung nicht als
kompetent angesehen werden oder die Bevölkerung der gegnerischen Partei und dem gegnerischen Kandidaten größere
Problemlösungsfähigkeit zuschreibt.

Agenda-Surfing: Wenn man das in der Medienberichterstat- 40
tung existierende Themen-Set nicht beeinflussen kann [...],
dann wird versucht, dieses Themen-Set zum eigenen Vorteil
zu nutzen.

Welche Themen den Wahlkampf dominieren, ist für die Be-
45 wertung der Parteien und Kandidaten durch die Wähler von
großer Bedeutung. Vor allem diejenigen Wähler, die sich erst
relativ kurzfristig vor der Wahl für die Stimmabgabe zugunsten der einen oder der anderen Partei entscheiden, treffen
diese Entscheidung anhand der Themen, die gerade „top-
50 of-the-head" sind. Sie saldieren also nicht die Vorzüge und
die Defizite der einzelnen Parteien in allen Themenfeldern,
sondern sie ziehen für ihre Meinungsbildung nur diejenigen
Themen heran, die aktuell gedanklich verfügbar sind. Und
gedanklich ohne großen Aufwand verfügbar sind genau jene
55 Themen, über die in den Medien häufig berichtet wird. Indem
die Massenmedien mitbestimmen, welche Themen dominieren, definieren sie unbewusst auch den Bewertungsmaßstab,
anhand dessen die Bevölkerung Parteien und Politiker be-
urteilt. Dominieren beispielsweise [...] wirtschaftspolitische
60 Themen, so werden die Akteure vor allem unter dem Ge-
sichtspunkt ihrer wirtschaftspolitischen Kompetenz bewer-
tet. Davon profitiert die Partei, der wirtschaftspolitisch mehr
zugetraut wird als den anderen Parteien. Daher besitzen „die
Massenmedien auch dann einen Einfluss auf die Meinungs-
65 bildung und Wahlentscheidung, wenn sie die vorhandenen
Einstellungen nicht ändern. Es genügt, sie mehr oder weniger
stark zu aktualisieren" [Hans Mathias Kepplinger, Kommuni-
kationswissenschaftler am Institut für Publizistik in Mainz].

*Frank Brettschneider: Die Medienwahl 2002: Themenmanagement
und Berichterstattung, in: Aus Politik und Zeitgeschichte (APuZ),
Bundestagswahl 2002, B 49–50/2002, aufgerufen unter www.bpb.
de/apuz/26574/die-medienwahl-2002-themenmanagement-und-
berichterstattung?p=1 am 31. Dezember 2012*

M7 Die Logik einer Show ist nicht die Logik der Politik

Im Gegensatz zu politischen Talkshows sei Politik „ernst,
langsam und grau", sagte [Thierse] in einem [...] Streitge-
spräch, das Bundestagsvizepräsident Wolfgang Thierse (SPD)
an diesem Morgen mit ARD-Chefredakteur Thomas Baumann
5 führte. Und im Zentrum stand die bunte Welt der Talkshows
im „Ersten" [...]. Die Positionen waren klar verteilt. ARD-Mann
Baumann wies den Vorwurf der Inszenierung mit Vehemenz
zurück. Er gab zu bedenken, dass Redaktionen Themen eben
verständlich aufbereiten müssten: „Wir wollen als öffentlich-
10 rechtlicher Sender mit politischer Information möglichst alle
erreichen, nicht nur politisch Interessierte", so rechtfertigte
Baumann den Zugang des „Ersten". Gerade solch ein Zugang,
widersprach Thierse, würde zu „Polarisierung und Skandali-
sierung" führen. Die Logik einer Show sei nicht die Logik der
15 Politik. Der Bundestagsvizepräsident kritisierte, dass neben
den Nachrichten politische Talkshows mittlerweile zentral für
die Vermittlung politischer Informationen geworden seien.
Eingehend setzte sich Thierse auch mit dem Claim der Sendung „hart aber fair" auseinander: „Wenn Politik auf Wirk-
20 lichkeit trifft". Thierse ortete hier „Arroganz" und die Inszenierung einer „Zwei-Welten-Lehre". Es würde der Anschein
erweckt, Fernsehen stehe für Wirklichkeit und Politik für
„Ahnungslosigkeit, Lüge und Lebensfremdheit".

*Verena Renneberg: Ortstermin: Das W-Forum im Bundestag, Die
Logik einer Show ist nicht die Logik der Politik, in: Das Parlament
Nr. 46/47, 12. November 2012, S. 14*

M8 Talk-Master als Volkstherapeuten?

Der Theaterkritiker Peter Kümmel unternahm Ende 2011
eine Zuschauerreise – fünf Talkshows der ARD in einer
Woche, Kümmel schreibt: „Das also war meine Talkwoche:
Am Sonntag fürchtete ich mich vor Alzheimer (Jauch), am
Montag wurde mir klar, dass meine Kinder nie einen Be- 5
treuungsplatz bekommen werden (Plasberg), am Dienstag
hinterbrachte man mir, dass meine Rente in hoher Gefahr
ist (Maischberger), am Mittwoch verlor ich jedes Vertrauen
in meinen Versicherungsschutz (Will), und sollten mich
diese Sorgen und Ängste einst niederstrecken, das erfuhr 10
ich am Donnerstag, dann müsste ich damit rechnen, von
einem deutschen Krankenhauskeim endgültig vernichtet
zu werden (Beckmann)".

[...] Viele haben sich von Jauch die Neuerfindung des Genres
erhofft, jedenfalls nicht viel weniger. Aber was tut Jauch? 15
Er macht nichts neu. Er macht das Alte, und das ein wenig
vorsichtiger. Auch er holt sich, wie man das von seinen Kollegen kennt, zwei Berufspolitiker in die Sendung: Manuela
Schwesig, die Sozialministerin von Mecklenburg-Vorpom-
mern (SPD), und Daniel Bahr, den Bundesgesundheitsminis- 20
ter (FDP). Zwischen den beiden entwickelt sich ein kleiner,
malmender Kampf, es ist, als würden sich die Parteiprogram-
me selbst ineinander verbeißen, als erzeugten kühle Regie-
rungswinde (Bahr) und warme Oppositionswinde (Schwesig)
einen dekorativen Zimmerwirbelsturm. Jauch unterbindet 25
ihn nicht, er sieht ihm zu, bis er sich erschöpft. Der Kampf
ist eher erschreckend in seiner begrifflichen Dürftigkeit. Es
prallen nicht zwei Ideenwelten aufeinander, sondern zwei
Methoden, den konzeptionell-finanziellen Mangel [im Ge-
sundheitswesen] zu vertuschen. Und man ahnt, dass Manu- 30
ela Schwesig schon viele Talkshows gesehen haben muss; sie
weiß, wie man Applaus erzeugt. Viel Redezeit hat man ja in
einer Talkshow als Gast gar nicht, von einer Stunde Sende-
zeit bleiben einem ungeschickten Anfänger oft nur drei, vier
Minuten. Für Politiker aber ist es wichtig, sich mindestens 35
zwei Mal pro Sendung einen Szenenapplaus zu sichern, und
das müssen sie so hinkriegen, dass niemand ihnen vorwerfen
kann, sie handelten im eigenen Interesse.
Es sind jene Momente, in denen Politiker ihre Gegenspieler
nicht mehr mit Argumenten, sondern mit charakterlicher 40
Überlegenheit traktieren, gemäß Oscar Wildes Satz „Moral ist
eine Haltung, die wir Leuten gegenüber an den Tag legen, die
wir nicht leiden können".
Sie warten auf eine Bemerkung, die es ihnen ermöglicht,
grundsätzlich zu werden, und schrauben sich dann in eine 45
feurige Empörung hinein („da müssen alle parteipolitischen
Spielchen ein Ende haben"), die sich so lange steigert, bis die
Zuschauer erfassen, dass dieses Feuer mit anderen Mitteln
nicht zu stoppen ist: Sie löschen es also mit Applaus. [...] In
meiner Talkwoche war es Manuela Schwesig, die dieses Mittel 50
am gekonntesten einsetzte. Zweimal erzeugte sie einen Ap-
plausregen. Bahr gelang das nur einmal.
Nach der Sendung [von Sandra Maischberger]: Warum Arnulf
Baring, Frau Maischberger? Warum lädt man ihn, der sich in
gefühlt 200 Talkshows zu etwa 300 Themen hat befragen las- 55
sen, noch immer ein? „Weil von den Originalen, den exzent-
rischen Personen, verdammt wenige übrig geblieben sind. Die

nachwachsenden Generationen sind viel dezenter, es gibt einen viel größe-
60 ren Komment, was man tut und was man sagt und was nicht."
Wie kommt das? „Wenn Sie früher in einer Talkshow etwas Kontroverses gesagt haben, stand es am nächsten
65 Tag in der Zeitung, die Leute redeten drüber – und das war's. Heute bleiben Sie mit Ihrem Auftritt in Wort und Bild auf ewig erhalten, sie stehen für alle Zeiten auf YouTube, die Boulevardzei-
70 tungen drehen es auch noch mal hoch. Deshalb sind die Leute vorsichtiger geworden, als sie es am Anfang meiner TV-Zeit noch waren – viel, viel vorsichtiger. [...] Früher hat man das die poli-
75 tische Mitte genannt, und vermutlich sind wir alle jetzt in der Talkshow-Mitte angekommen." [...]

Abb. 7.1: Zweikampf: Daniel Bahr (FDP) und Manuela Schwesig (SPD) bei Günther Jauch

Offenbar spiegelt die Talkshow den Wandel, den das Selbstbild des Deutschen in den letzten Jahren erfahren hat: Erlebt
80 er sich noch als Bürger, oder sieht er sich inzwischen vor allem als Kunde, Betroffener, Verbraucher, Patient, Versicherter, Klient? Auffallend oft sind es Kunden-, Patienten-, Verbrauchersorgen, die in den Sendungen besprochen werden: Tut mir das gut? Brauche ich das? Und, höchste Form von
85 Gemeinsinn: Wie sehr schadet uns das? Werden wir das alles überstehen?
[...] „Aber damals, in den Achtzigerjahren", so sagt Anne Will am Mittwochabend nach ihrer Sendung, „damals gab es noch deutlich getrennte Lager, die auf bestimmte Fragen
90 ganz klar mit Ja oder Nein antworten konnten und die dann aufeinanderprallten. Seitdem sind die meisten dieser Fragen beantwortet oder haben sich erledigt. Eine der letzten großen Fragen war noch die nach dem Umgang mit der Atomkraft; damit können Sie auch keinen großen ideologischen
95 Streit mehr herstellen. Man muss jetzt schon in die Details gehen – genauso wie ja auch die Parteien versuchen, sich sozusagen in der Mitte auseinanderzudifferenzieren." [...] Die Sendungen kommen sich jetzt zwangsweise so nahe, dass die ARD einen Koordinator installiert hat, der Zusammenstöße
100 vermeiden soll: Es ist der Chefredakteur Thomas Baumann. Er führt eine zentrale Datenbank, in die alle Redaktionen ihre Themen und Gäste eingeben. Kommt es zu Konflikten und Überschneidungen, muss Baumann das Machtwort sprechen. Er hat es, so versichern alle Beteiligten, bislang nicht tun
105 müssen. [...]

Artikel und Abb. 7.1: Peter Kümmel: Die Volkstherapeuten, in: DIE ZEIT vom 8. Dezember 2011, S. 17 ff.

ARBEITSAUFTRÄGE

1. *Tragen Sie auf der Grundlage von M1 zusammen, welche Rolle die Massenmedien (Zeitungen und Zeitschriften, TV, Rundfunk und Internet) in einer freiheitlichen Demokratie spielen (sollten) und erörtern Sie deren grundsätzliche Bedeutung für die Demokratie!*

2. *Erörtern Sie, auf Ihren Ergebnissen aus Aufgabe 1 aufbauend, die grundsätzliche Bedeutung der Medien für die Demokratie!*

3. *Arbeiten Sie aus M2–M4 die rechtlichen Grundlagen heraus, die in der Bundesrepublik für das Verhältnis zwischen Medien, Staat und Bürger gelten!*

4. *Vergleichen Sie diese rechtlichen Grundlagen mit Ihren Ergebnissen aus den Aufgaben 1 und 2!*

5. *Diskutieren Sie die rechtliche Gestaltung und höchstrichterliche Auslegung der Pressefreiheit durch das BVerfG, indem Sie Ihre Erkenntnisse auf Ihr Wissen über das Demokratiemodell des Grundgesetzes beziehen!*

6. *Interpretieren Sie M5 – lesen Sie zuvor die Methodenseite zum Thema „Karikaturenanalyse" (S. 56 f.)!*

7. *Arbeiten Sie aus M6 Motive und Vorgehensweisen der Parteien beim Themenmanagement heraus!*

8. *Charakterisieren Sie anhand von M7 und M8 typische Elemente und Prozesse einer politischen Talkshow!*

9. *Sehen Sie im Fernsehen eine Talkshow an und analysieren Sie diese!*
   Tipp: Bereiten Sie sich auf Ihre Analyse eventuell mithilfe der folgenden Studie der Otto-Brenner-Stiftung (OBS) vor: www.otto-brenner-shop.de/publikationen/obs-arbeitshefte/shop/ und-unseren-taeglichen-talk-gib-uns-heute-ah-68.html. Die Otto-Brenner-Stiftung ist die Wissenschaftsstiftung der IG Metall.

10. *Diskutieren Sie die Talkshow (Aufgabe 9) in Hinblick auf die Funktionen von Massenmedien im politischen Prozess (ziehen Sie Ihre Erkenntnisse aus Aufgabe 1 hinzu)!*

11. *Problematisieren Sie die Aussage Wolfgang Thierses (SPD), „die Logik einer Show" sei „nicht die Logik der Politik" (M7)!*

1.2 Die Zukunft des Parteiensystems

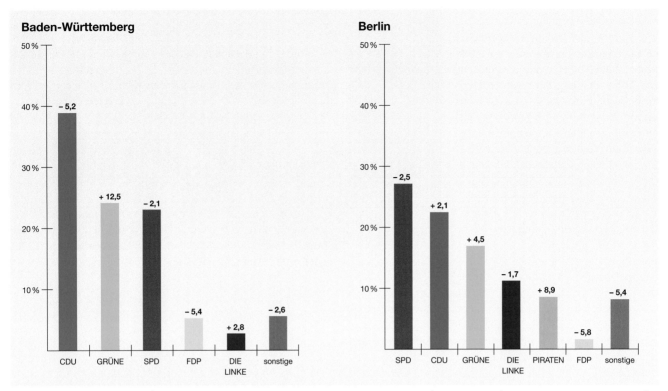

Abb. 8.1: Wahlergebnis der Landtagswahlen Baden-Württemberg und Berlin im Jahr 2011 (mit Gewinnen/Verlusten im Vergleich zu 2006)

M 1 Deutschlands künftiges Parteiensystem –
eine Prognose

Das deutsche Parteiensystem hat sich [...] bislang weniger verändert, als angesichts sich rapide wandelnder Rahmenbedingungen des Parteienwettbewerbs zu erwarten gewesen wäre. Das ist verblüffend – und wird bald vorüber sein. [...]
5 Das bislang so eigentümlich beständige deutsche Parteiensystem steht heute vor fundamentalen Verwerfungen, weil es die veränderten Konfliktlagen der Gesellschaft nicht mehr angemessen widerspiegelt und abbildet. [...] Genannt werden sollen hier ohne Anspruch auf Vollständigkeit nur die
10 drei zentralen Stichworte Globalisierung, →Demografie und Wissensgesellschaft. Bereits je für sich genommen, erst recht in ihren wechselseitigen Beziehungen markieren diese Phänomene das dramatische Ausmaß der ökonomischen, gesellschaftlichen und kulturellen Umbrüche, mit denen es
15 Deutschland – und damit die deutschen Parteien sowie ihr Parteiensystem – in den kommenden Jahrzehnten zu tun bekommen werden.

Globalisierung: Deutschland ist unter den Bedingungen offener Märkte unausweichlich damit konfrontiert, dass weltweit
20 immer mehr Menschen, Unternehmen und Ökonomien in der Lage sind, Güter und Dienstleistungen in derselben Qualität zu produzieren wie die Deutschen selbst – allerdings deutlich billiger. Prinzipiell bedeutet Globalisierung nichts anderes, als dass alle Informationen überall auf der Welt den Menschen
25 zeitgleich zur Verfügung stehen – die Frage ist, was sie jeweils mit diesen Informationen anfangen (können). Politiker aller Parteien formulieren gern den Anspruch, Deutschland müsse auch in Zukunft ein „Hochlohnland" bleiben. Dafür

gibt es stets viel Beifall. Soll das Ziel tatsächlich eingelöst werden, gilt die einfache Faustformel, dass deutsche Produk- 30 te und Dienstleistungen um genau so viel besser sein müssen, wie sie teurer sind als jene der Mitwettbewerber. [...]

Demografie: Die wirtschaftlichen und sozialpolitischen Schwierigkeiten Deutschlands sind zwar heute schon beträchtlich, eines aber sind sie derzeit noch nicht: demografisch bedingt. Das wird sich zügig ändern. [...] Als schrumpfen- 35 de und alternde Gesellschaft steht Deutschland ökonomisch, sozial und kulturell vor vielfältigen Schwierigkeiten.
Prinzipiell erscheint es wiederum durchaus möglich, dass auch alternde und schrumpfende Gesellschaften ihre Dynamik und wirtschaftliche Produktivität bewahren. Aber das ist nicht 40 einfach und hat ebenfalls Voraussetzungen, die durch systematische Anstrengungen der Politik geschaffen und erneuert werden müssen. Soll die demografische Krise der deutschen Gesellschaft nicht deren anhaltende Verarmung zur Folge haben, müssen sämtliche Register einer systematischen, konti- 45 nuierlichen und integrierten „Politik der Nachwuchssicherung" (Franz-Xaver Kaufmann) gezogen werden. [...]

Postindustrielle Wissens- und Lerngesellschaft: Wir leben mitten im Übergang von der Industrie- zur Wissensge- 50 sellschaft. Mit dem damit einhergehenden Strukturwandel der Arbeit verändern sich überall die Anforderungen an die Kenntnisse und Fertigkeiten der Menschen. Einfache Tätigkeiten werden weiter aus Deutschland abwandern – schließlich ist Deutschland in der Tat ein „Hochlohnland" und will es 55 bleiben. Schon heute sind Armut an Geld und Lebenschancen sowie langfristige Arbeitslosigkeit in Deutschland in sehr hohem Maße die Folgen fehlender zeitgemäßer Qualifikationen

und individueller Fertigkeiten. Die deutsche Gesellschaft ist
60 daher mit dem dringenden Problem konfrontiert, Bildungs-
einrichtungen und verbreitete Einstellungsmuster auf die Bedingungen des immer stärker wissensintensiven Wirtschaf-
tens der Zukunft einstellen zu müssen. Prinzipiell ist auch
dies durchaus möglich. Aber es setzt eine gezielte Politik mit
65 dem strategischen Ziel voraus, Deutschland zu einer kontinuierlich lernfähigen und lernenden Gesellschaft zu entwickeln.
Wichtig ist, dass Menschen das zu einem gegebenen Zeitpunkt Erforderliche wissen und können. [...] Dies gilt umso
mehr, als nur bildungsreichen Gesellschaften auch die wirt-
70 schaftliche Selbstbehauptung unter den Bedingungen der
Globalisierung sowie die Bewältigung des demografischen
Wandels gelingen kann.

Es wird also in den kommenden Jahren und Jahrzehnten auf
sämtlichen Politikfeldern sehr entschlossenes und umfassen-
75 des politisches Handeln erforderlich sein, um in Deutschland
weiterhin Wohlstand, gesellschaftlichen Zusammenhalt, soziale Gerechtigkeit und individuelle Lebenschancen für so
viele Menschen wie möglich zu verwirklichen. Aber nicht
allen wird einleuchten, dass dies nötig ist, und genau hier
80 wird die zentrale neue Konfliktlinie innerhalb der deutschen
Gesellschaft verlaufen. Manche werden auch in Zukunft an
denjenigen →Institutionen, Verfahren und sonstigen Üb-
lichkeiten festhalten wollen, die doch schließlich, wie man
meint, auch früher gut genug gewesen seien, um die (west-)
85 deutsche Gesellschaft von Erfolg zu Erfolg eilen zu lassen [...]
Den Druck des Wandels spüren alle – sie reagieren nur völlig
unterschiedlich auf ihn. Die einen rufen trotzig: „Wir wollen
behalten, was wir haben!" Die anderen erwidern: „Das hat
aber Voraussetzungen – Voraussetzungen, die wir erneuern
90 oder überhaupt erst schaffen müssten."

Hier entsteht die zentrale neue Konfliktlinie der deutschen
(und europäischen) Gesellschaft. Intuitiv noch oder bereits
bewusst ordnen sich die Menschen einer von zwei großen
Strömungen zu: der „Partei der Bewegung" oder der „Partei
95 der Beharrung". Weder die eine noch die andere „Partei" gibt
es schon als tatsächliche Organisation oder auf dem Wahlzet-
teln. Aber die beiden Parteien existieren bereits in den Köp-
fen der Menschen, und die jeweils mit ihnen verbundenen
Vorstellungen, Hoffnungen oder Befürchtungen überlagern
100 überkommene Entgegensetzungen. [...] Kreativität und Dynamik sowie Offenheit für Veränderung einerseits – Bewahrung
und Konservatismus sowie Festklammern am Bestehenden
andererseits: Das existierende deutsche Parteiensystem bil-
det diese in der Gesellschaft entstehende Hauptkonfliktlinie
105 zwischen Bewegung und Beharrung nicht adäquat ab. Der
Bruch verläuft mitten durch die beiden großen Volksparteien,
mitten durch die Anhängerschaft der Grünen, auch mitten
durch den Anhang der in vieler Hinsicht völlig zu Unrecht als
besonders bewegungsfreudig geltenden FDP. [...]

110 Das alte Parteiensystem passt also nicht mehr zur Gesellschaft. Die große Frage ist allein, wie lange es noch so weitergehen wird. [...] Wo das Anpassungsbedürfnis aufgrund
rapider gesellschaftlicher Veränderungen sehr groß wird, wo
es aber zugleich die am Status quo orientierte innersyste-
115 mische und innerparteiliche Wettbewerbslogik den einzelnen Parteien gefährlich erscheinen lässt, mit der Erneuerung
Ernst zu machen, da wächst die Spannung zwischen System

und Umwelt immer weiter. Eine solche Spannung muss sich
irgendwann – je später, desto heftiger – entladen. [...]
Die amerikanische Politikwissenschaft verwendet seit langem 120
das hilfreiche Konzept der „critical elections". Als „critical
election" gilt eine Wahl, die abrupte Verschiebungen innerhalb der Wählerschaft mit sich bringt, die dann wiederum
dauerhafte Auswirkungen auf das Parteiensystem und den
Parteienwettbewerb haben. Nach einer „critical election" wird 125
es nie wieder so, wie es vorher war – das ist das entscheidende Kriterium. [...] Es erscheint gut möglich, dass Deutschland
in diesem Jahr ebenfalls vor einer „critical election" steht.
Zumindest jedoch wird sich diese Wahl in verschärfter Form
als das erweisen, was als „dealigning election" bezeichnet 130
wird: eine Wahl nämlich, die das gewohnte Parteiengefüge
gründlich auflöst, ohne dass sich deshalb bereits (im Sinne
eines „realignment") ein dauerhaft neu strukturiertes Parteiensystem abzeichnen würde. Deutschland sieht einer Periode
der Auflösung seines hergebrachten Parteiensystems entge- 135
gen – mit offenem Ende. [...]

Tobias Dürr: Bewegung und Beharrung: Deutschlands künftiges
Parteiensystem, in: Bundeszentrale für politische Bildung (Hrsg.):
Aus Politik und Zeitgeschichte 32–33/2005, Bonn, S. 31–38

M2 Nach den Wahlen

Karikatur FEICKE, aufgerufen unter http://de.toonpool.com/
cartoons/Win-Win-Win-Win-Situation_190686 am 13. April 2013

ARBEITSAUFTRÄGE

1. Werten Sie die Ergebnisse der Landtagswahlen
des Jahres 2011 in Baden-Württemberg und Berlin
(Abb. 8.1) aus und entwickeln Sie unter Einbeziehung
der Karikatur M2 Leitfragen zur Beschäftigung mit
dem deutschen Parteiensystem!

2. Beurteilen Sie die Bedeutung beider Wahlergebnisse
sowohl für das deutsche Parteiensystem als auch für
die etablierten Volksparteien!

3. Arbeiten Sie die Prognose Dürrs (M1) zur Entwicklung
des deutschen Parteiensystems zusammenfassend
heraus!
Tipps zur Texterschließung finden Sie auf S. 10.

4. Erläutern Sie die neue zentrale Konfliktlinie, die Dürr
für das deutsche Parteiensystem skizziert!

5. Diskutieren Sie, ob es sich bei den Landtagswahlen
2011 in Baden-Württemberg und Berlin um critical
oder dealigning elections gehandelt hat!

Methodenkompetenztraining: Texterschließung und -auswertung

Der effiziente (Aufwand) und effektive (Ergebnis) Umgang mit textbasierten Materialien wird auch über den Zeitraum der nächsten zwei Jahre und die Abiturprüfung hinaus eine hohe Bedeutung für Sie haben.

Der erfolgreiche Umgang mit Textmaterialien setzt für Sie voraus, dass Sie den Text auch im Detail verstanden haben. Texte, die sich mit politischen oder ökonomischen Themen befassen, sind in der Regel jedoch komplex und kompliziert und daher nicht immer auf den ersten Blick verständlich.

Die folgende Methode beruht auf Erkenntnissen der Neurologie und der Lernforschung.

Wir behalten von dem,

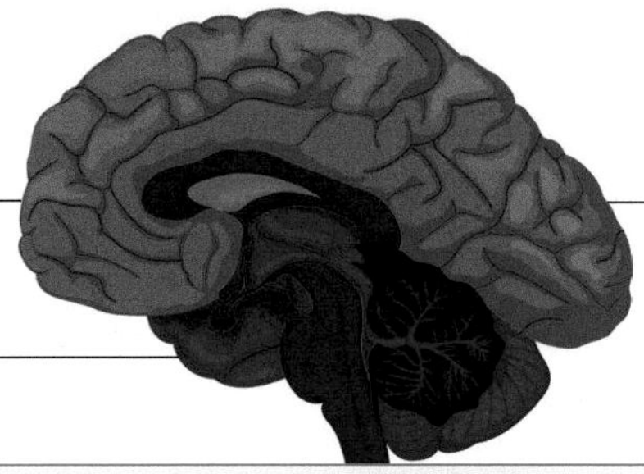

… was wir lesen: **10 %**

… was wir sehen: **30 %**

… was wir selbst ausführen: **90 %**

Abb. 10.1: Menschliches Gehirn

Übertragen auf die Erschließung von Texten bedeutet dies, dass ein Text umso verständlicher für uns wird, je mehr wir mit ihm arbeiten, Textstrukturen erkennen und kennzeichnen, Wichtiges von Unwichtigem trennen und den Text grafisch strukturieren. Mit der folgenden Vorgehensweise lassen sich auch schwierige, lange Texte erfolgreich bearbeiten – viel Erfolg!

DO's der Textarbeit – 9 goldene Regeln:

1. Lesen Sie den Text zunächst zur Orientierung einmal durch, ohne Markierungen vorzunehmen.

2. Arbeiten Sie den Text anschließend mindestens zweimal gründlich durch.

3. Verwenden Sie dabei Unterstreichungen, Farben und Symbole (Kreise, Rechtecke) als Markierung.

4. Kennzeichnen Sie immer die übergeordnete(n), zentrale(n) Fragestellung(en), Akteure (Personen, Gruppen, Institutionen) sowie Schlüsselwörter und thematisierte Probleme und Lösungsansätze.

5. Unterstreichen Sie wichtige Details, jedoch keine ganzen Sätze.

6. Nutzen Sie den Rand, um besonders wichtige Abschnitte zu kennzeichnen (!).

7. Gehen Sie nach der KISS-Formel vor (**K**eep **i**t **s**imple and **s**traightforward) – beschränken Sie sich neben Ihren Unterstreichungen auf max. 2–3 Farben und Formen.

8. Gewöhnen Sie sich an Ihr persönliches System und wenden Sie es zur Übung konsequent (und auch bei kürzeren Texten) an.

9. Nehmen Sie's sportlich und begreifen Sie die Arbeit mit Texten als geistige Herausforderung! – Perfekte Textarbeit ist kein Geheimnis!

DONT's der Textarbeit:

- keinerlei Markierungen vornehmen
- zu viel markieren
- NUR unterstreichen oder nur EINE Farbe zum Markieren verwenden

Konkretes Beispiel

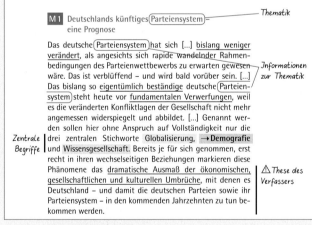

Abb. 10.2: Konkretes Beispiel

ARBEITSAUFTRAG

1. Wenden Sie diese Arbeitstechnik zur Texterschließung nun auf das Textmaterial M1 (S. 8 f.) an.

1.3 Konfliktlinien: Cleavage-Modelle

M1 Konfliktlinien im wiedervereinigten Deutschland

Ein Parteiensystem kann ohne seine Konfliktlinien nicht hinreichend verstanden werden. Konfliktlinien sind im Wählerverhalten zutage tretende dauerhafte Koalitionen zwischen konfligierenden [in Konflikt geratenden] gesellschaftlichen
5 Gruppierungen und politischen Parteien. Zwei zentrale Konfliktlinien prägen das Parteiensystem des vereinigten Deutschlands: Die erste ist die ökonomisch-klassenpolitische Spaltungslinie, die im engerem Sinne insbesondere die linksparteienorientierte, gewerkschaftlich organisierte Arbei-
10 terschaft von den zu den bürgerlichen Parteien neigenden Selbstständigen trennt und im weiteren Sinne als „Sozialstaatskonflikt" zu verstehen ist, „der als Wertekonflikt um die Rolle des Staates in der Ökonomie zwischen marktliberalen und an sozialer Gerechtigkeit orientierten, staatsinterven-
15 tionistischen Positionen ausgetragen wird" (Niedermayer). Die zweite zentrale Konfliktlinie ist kultureller Art: Sie trennt im engeren Sinne, als religiöse Konfliktlinie, insbesondere die →laizistischen von den religiös orientierten Wählern, die ihren parteipolitischen Ankerplatz hauptsächlich bei der CDU/
20 CSU finden, und umfasst im weiteren Sinne die Spaltung zwischen libertären und autoritär-konservativen Vorlieben für die Gestaltung der individuellen Lebensführung und des Zusammenlebens in der Gesellschaft.

Manfred G. Schmidt: Das politische System Deutschlands. Institutionen, Willensbildung und Politikfelder, Bonn 2011, S. 99 f.

M2 Das Cleavage-Modell nach Lipset/Rokkan

Konfliktlinien (engl.: cleavages) trennen bei jeder politischen Streitfrage Befürworter und Gegner einer Entscheidung. In der →Wahlsoziologie haben insbesondere soziale Konfliktlinien (social cleavages) Beachtung gefunden. [...] In einer
5 konkreten Konfliktsituation kann es zu einer Koalition zwischen einer sozialen Gruppierung bzw. ihren Repräsentanten und einer politischen Partei kommen. Diese Koalitionen sind in der Regel dauerhaft und finden bei Wahlen ihren Ausdruck in der überdurchschnittlichen Entscheidung der Gruppenan-
10 gehörigen zugunsten der betreffenden Partei. Dabei brauchen nicht bei jeder Wahl Streitfragen aktualisiert zu werden, die sich unmittelbar auf die entsprechende Konfliktdimension beziehen. Um derartige Latenzphasen mit abzudecken, ist auch der Begriff der Spannungslinien gebräuchlich. [...]
15 Stein Rokkan hat, zunächst in Zusammenarbeit mit [Seymour M.] Lipset (Lipset/Rokkan 1967), eine historische →Genealogie der noch heute in den demokratischen europäischen Ländern zu beobachtenden Konfliktstrukturen versucht. Zum Ausdruck kommen die Konflikte in den Parteiensystemen der
20 einzelnen Staaten, zurückführen lassen sie sich auf gesellschaftliche Probleme, die in der Folge von Nationwerdung und Industrialisierung entstanden sind. [...]
Eine weitverbreitete Diagnose lautet, dass soziale Konfliktpotenziale in westlichen Industriegesellschaften an Bedeutung
25 verlieren. Neue ideologische Spannungslinien wie der Gegensatz zwischen den traditionellen Parteien und ökologischen Bewegungen ließen sich nicht mehr auf Interessengegensätze

zwischen bestimmten sozialen Gruppen zurückführen. [...] Die Entstehung neuer politischer und ideologischer K[onfliktlinien] muss nicht automatisch zur Folge haben, dass die sozialen 30 Konfliktpotenziale an Bedeutung verlieren. Es muss mit der Möglichkeit gerechnet werden, dass die Träger der neuen Werte wieder bestimmte sozialstrukturell abgrenzbare Gruppen sind [...], aber darüber hinaus auch Ziele anstreben, die Kollektivgutcharakter für alle Gruppen haben. 35

Franz U. Pappi: Konfliktlinien, in: Dieter Nohlen (Hrsg.): Wörterbuch Staat und Politik, Bonn 1995, S. 340–345

M3 Konflikte in der Bundesrepublik Deutschland

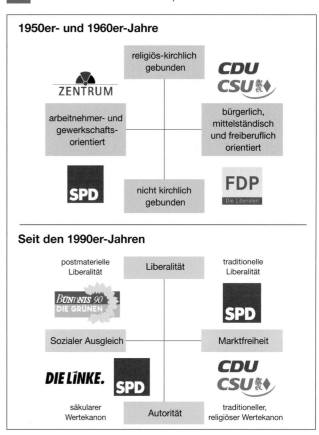

Abb. 11.1: Karl-Rudolf Korte: Theorien des Wählerverhaltens, in: Bundeszentrale für politische Bildung (Hrsg.): Dossier Bundestagswahlen, Bonn, 20. Mai 2009

ARBEITSAUFTRÄGE

1. Ermitteln Sie die in M1 und M2 genannten Konfliktlinien!

2. Verdeutlichen Sie die Konfliktlinien seit den 1990er-Jahren durch konkrete parteipolitische Positionen!

3. Erläutern Sie die politikwissenschaftliche Bedeutung von Cleavage-Modellen!

4. Beurteilen Sie die Bedeutung der neuen Konfliktlinie nach Dürr (Kap. 1.2) sowohl für das deutsche Parteiensystem als auch für die politische Arbeit der (Volks-)Parteien in der Bundesrepublik!

1.4 Machtgefüge der Verfassungsorgane im politischen Entscheidungsprozess

1.4.1 Urteil des Bundesverfassungsgerichts zum Hartz-IV-Gesetz 2011 und seine Umsetzung

M1 Bedarfsniveau der Grundsicherung

Modellberechnung des Bedarfsniveaus der Grundsicherung[1]

Nach Haushaltstypen, in Euro/monatlich; Stand Januar 2010

	Regelsätze	Mehrbedarf	Kaltmiete[2]	Heizkosten[3]	Gesamt-bedarf	zzgl. Schulstart[5]
Alleinlebende/r	359	/	281	61	701	
Ehepaar ohne Kinder	646	/	368	83	1.097	
Ehepaar mit						
• 1 Kind[4]	893	/	433	91	1.417	1.425
• 2 Kindern[4]	1.140	/	490	94	1.724	1.741
• 3 Kindern[4]	1.387	/	549	111	2.047	2.072
Alleinerziehende mit						
• 1 Kind unter 7 Jahren	574	129	368	83	1.154	1.162
• 2 Kindern zwischen 7 und 14 Jahren	897	129	433	91	1.550	1.567

1) SGB XII und SGB II
2) durchschnittliche Mieten von Sozialhilfeempfänger-Haushalten nach der Wohngeldstatistik (Empfänger von besonderem Mietzuschuss), fortgeschrieben mit Preisindex für Wohnungsmieten
3) durchschnittliche Heizkosten nach EVS, fortgeschrieben mit Preisindex für Strom, Gas und weitere Brennstoffe, gekürzt um 25 % wegen des im Regelsatz enthaltenen Anteils für Haushaltsenergie
4) druchschnittlicher Kinderregelsatz bei gleichmäßiger Altersverteilung
5) Schulbedarfspaket bzw. „Schulstarterpaket": einmal jährlich 100 Euro entspricht pro Monat 8,33 Euro

Rudolf Martens: Damit Arbeit sich lohnt. Expertise zum Abstand zwischen Erwerbseinkommen und Leistungen nach dem SGB II, Berlin 2010, in: Universität Duisburg-Essen, Lehrstuhl für Sozialpolitik: Sozialpolitik aktuell, aufgerufen unter www.sozialpolitik-aktuell.de/ sozialstaat-datensammlung.html#grusi-systeme-1783 am 4. Januar 2013

Die Grundsicherung ist eine steuerfinanzierte Sozialleistung nach dem Sozialgesetzbuch (SGB) zur Sicherung des Lebensunterhaltes (Sozialhilfe, SGB XII) und für arbeitsuchende Erwerbslose (Arbeitslosengeld ALG II nach dem SGB II, auch als Hartz IV bezeichnet).

M2 Urteil des Bundesverfassungsgerichts zur Berechnung der Hartz-IV-Regelsätze

Die geltenden Hartz-IV-Regelsätze müssen neu berechnet werden. Dies hat am Dienstag [9. Februar 2010] das Bundesverfassungsgericht in Karlsruhe entschieden. Insbesondere der Bedarf von Kindern werde nicht ausreichend berücksichtigt.
5 Grundsätzlich stufte das Bundesverfassungsgericht die in den Ausgangsverfahren geltenden →**Regelleistungen** von 345, 311 und 207 Euro zur Sicherstellung eines menschenwürdigen Existenzminimums „nicht als evident unzureichend" ein. Zur Sicherung der physischen Seite des Existenzminimums, wie
10 der Ernährung, reiche die Regelleistung zumindest aus – und der Gestaltungsspielraum des Gesetzgebers bei der sozialen Seite des Existenzminimums sei besonders weit, so die Begründung der Richter. Verfassungsrechtliche Mängel sehen die Richter allerdings in der Vorgehensweise des Gesetzgebers
15 bei der Bemessung der Regelleistungen – etwa die herangezogenen Zahlen bzw. die eingesetzten Methoden zur Ermittlung der pauschalen Sätze. Die Regelleistung von 345 Euro sei nicht in verfassungsgemäßer Weise ermittelt worden, „[...] weil von den Strukturprinzipien des Statistikmodells ohne
20 sachliche Rechtfertigung abgewichen worden ist".
Vor allem das Sozialgeld für Kinder bis zum 14. Lebensjahr in Höhe von 207 Euro erfülle nicht die verfassungsrechtlichen

Vorgaben, „[...] weil es von der bereits beanstandeten Regelleistung in Höhe von 345 Euro abgeleitet ist". Der Gesetzgeber habe es unterlassen, einen spezifischen Bedarf zu ermitteln, 25 der sich an kindlichen Entwicklungsphasen und einer kindgerechten Persönlichkeitsentfaltung auszurichten hat. Insbesondere blieben die notwendigen Aufwendungen für Schulbücher, Schulhefte, Taschenrechner etc. unberücksichtigt, die zum existentiellen Bedarf eines Kindes gehörten. Denn ohne 30 Deckung dieser Kosten drohe hilfebedürftigen Kindern der Ausschluss von Lebenschancen. Auch fehle eine differenzierte Untersuchung des Bedarfs von kleineren und größeren Kindern.

Auf Grundlage der verfassungsrechtlichen Vorgaben des Urteils muss der Gesetzgeber nun bis zum 31. Dezember 2010 in 35 einem transparenten Verfahren eine Neuregelung finden, der ein realitäts- und bedarfsgerechtes Berechnungsverfahren zugrunde liegt. Bis dahin gelten die bisherigen Regelungen. In seltenen Ausnahmefällen können Hartz-IV-Empfänger jedoch einen besonderen Bedarf geltend machen, der durch die bis- 40 herigen Zahlungen nicht gedeckt wird. Mit dem Urteil gab das Oberste Gericht in weiten Teilen den Klägern recht. Verhandlungsgrundlage für die Richter in Karlsruhe war[en] eine Vorlage des Hessischen Landessozialgerichts und zwei Vorlagen des Bundessozialgerichts. Geklagt hatten Eltern, die als →**Bedarfs-** 45 **gemeinschaft** Arbeitslosengeld II beziehen – zu wenig, wie die

12

Kläger befanden: Die Hartz-IV-Regelleistungen deckten nicht das „soziokulturelle Existenzminimum von Familien" und verstießen daher gegen das Grundgesetz.

Bundeszentrale für politische Bildung: Hintergrund aktuell vom 9. Februar 2010: Verfassungsgericht fordert Neuberechnung der Hartz-IV-Regelsätze, aufgerufen unter www.bpb.de/themen/CHZMCO,0,Verfassungs-gericht_fordert_Neuberechnung_der_HartzIV-Regelsaetze.html am 22. Januar 2013

M3 Zur Rolle des BVerfG im politischen Prozess

Andreas Voßkuhle ist seit 2010 Präsident des Bundesverfassungsgerichtes (als jüngster Präsident, den das BVerfG jemals hatte). Schon im Alter von 35 Jahren wur-
de Voßkuhle, den eine Tageszeitung einmal als „Justitias Wunderkind" bezeichnet hat, Juraprofessor an der Universität Freiburg. 2007 wurde er auch deren Rektor.

Spannungslagen zwischen Politik und Verfassungsgericht sind in einem demokratischen Verfassungsstaat mit einer starken Verfassungsgerichtsbarkeit angelegt. Man ist immer wieder auf gegenseitiges Verständnis angewiesen, und man muss sich immer wieder um Feinjustierung bemühen. Dass es da bisweilen Urteile gibt, die von der Regierung oder vom Parlament als übergriffig empfunden werden, ist nicht zu vermeiden. Es darf nur nicht der Eindruck entstehen, ein demokratischer Verfassungsstaat sei ohne eine solche Spannungslage möglich. Ohne das Verfassungsgericht und seine Entscheidungen sähe die Bundesrepublik heute anders aus – und sicherlich nicht besser. [...] Wir denken in anderen Kategorien. Wir denken in der Codierung: verfassungsgemäß und nicht verfassungsgemäß. Der binäre Code der Politik heißt dagegen: Wahlen gewinnen – und Verantwortung tragen – oder verlieren. Diese, ich nenne es mal Machtorientiertheit wird den Politikern gern vorgeworfen, sie ist aber konstituierend für den demokratischen Prozess. Weil Politiker an der Macht bleiben und gestalten wollen, sind sie bereit, dem Wählerwillen zu folgen, da sie andernfalls möglicherweise nicht wiedergewählt werden. [...] Nehmen Sie das Spannungsfeld von Freiheit und Sicherheit. Die Vorgaben der Verfassung auf diesem Gebiet umzusetzen ist für die Politik extrem schwierig – deshalb warne ich davor, Urteile als Sieg und Niederlage für die eine oder die andere Seite zu interpretieren. Die Herbeiführung eines gemeinwohlorientierten verfassungsmäßigen Zustands ist Politik und Verfassungsgerichtsbarkeit gemeinsam anvertraut. Politik muss auch mal etwas wagen. Vielleicht denkt mancher Politiker sogar: Wir haben ja Karlsruhe, und wenn es mal verfassungsrechtlich nicht passt, werden die das richten.

Andreas Voßkuhle im Interview mit Alfred Weinzierl und Dietmar Hipp: Waffengeklirre im Hintergrund, in: DER SPIEGEL 11/2010, S. 39 f.

M4 Inhalte des Bildungs- und Teilhabepaketes

Am 29. März 2011 wurde das Gesetz zum Bildungs- und Teilhabepaket im Bundesgesetzblatt verkündet.

Das Bildungspaket

Wer bekommt die Förderung? Kinder und Jugendliche bis 25 Jahre, deren Eltern Arbeitslosengeld II/Sozialgeld, Sozialhilfe, Wohngeld oder Kinderzuschlag erhalten.

Was wird gefördert?

Mittagessen in Kita, Schule und Hort	Kultur-, Sport- und Freizeitangebote	Kita- und Schulausflüge	Lern-förderung	Schulbedarf	Schüler-beförderung
Wie wird gefördert?					
Zuschuss*; Eigenanteil der Eltern: 1 Euro pro Kind/Tag	Monatlich 10 Euro für die Teilnahme an Veranstaltungen von Anbietern, die bei Kreis- oder Stadtverwaltungen gemeldet sind	Kostenübernahme* oder Gutschein	Kosten-übernahme* für Nachhilfe-stunden oder Kurs	100 Euro jährlich (70 Euro am Beginn des Schuljahres, 30 Euro im 2. Halbjahr)	Kostenübernahme*, bei zusätzlicher privater Nutzung der Monatskarte ist von den Eltern ein Eigenanteil zu zahlen
Voraussetzung					
Einrichtung bestätigt Bedürftigkeit, Beleg der Anmeldung zum Mittagessen	Nur für Kinder unter 18 Jahren	Nachweis der Kita/Schule über geplanten Ausflug	Bestätigung der Schule, dass Lernziel ohne Förderung nicht erreicht wird		Um die nächst-gelegene Schule zu erreichen, sind Schüler/innen auf den Bus/Zug angewiesen

Wo ist der Antrag auf Förderung zu stellen?

- Bezieher von Arbeitslosengeld oder Sozialgeld stellen ihren Antrag beim Jobcenter
- Bezieher von Sozialhilfe, Wohngeld oder Kinderzuschlag können die richtigen Ansprechpartner bei Kreis- oder Stadtverwaltungen erfragen (Bezieher von Wohngeld oder Kinderzuschlag können ihren Antrag vorübergehend bei der Familienkasse stellen)

*Der Bund zahlt die Mehrkosten, die nicht durch Dritte übernommen werden. Der tatsächliche Bedarf wird von den Kommunen geprüft und richtet sich nach den Gegebenheiten vor Ort.

Quelle: BMAS © Globus 4413

ARBEITSAUFTRÄGE

1. Beschreiben Sie zusammenfassend (M 1–M 2), wie das Bundesverfassungsgericht seine Forderung nach Neuberechnung der Hartz-IV-Regelsätze begründet!
Tipp: Über Entstehung und Inhalte des Hartz-IV-Gesetzes informieren Sie ausführlich die Seiten 56–63 im Themenheft „Demokratie und sozialer Rechtsstaat" der Reihe politik.wirtschaft.gesellschaft.

2. Arbeiten Sie aus Abschnitt IX GG (Rechtsprechung) Aufgaben und Arbeitsweise des BVerfG heraus!

3. Erarbeiten Sie am Beispiel der Hartz-IV-Gesetzgebung das Machtgefüge der Verfassungsorgane im politischen Entscheidungsprozess!
Tipp: Über Kompetenzen und Aufgaben der einzelnen Organe informieren Sie ausführlich die Seiten 44–53 im Themenheft „Demokratie und sozialer Rechtsstaat" der Reihe politik.wirtschaft.gesellschaft.

4. Das BVerfG betreibe Politik, lautet ein geläufiger Vorwurf an das höchste deutsche Gericht, Voßkuhle nennt das Wort „übergriffig". Nehmen Sie Stellung zur Rolle des BVerfGs im politischen Prozess im Allgemeinen und im Reformverfahren von Hartz IV im Speziellen!

5. Erörtern Sie mithilfe der Materialien, wie das Bildungs- und Teilhabepaket seine geplante Wirkung entfalten soll!

6. Diskutieren Sie die Frage, ob das Bildungspaket eine angemessene Antwort auf das Urteil des Bundesverfassungsgerichts vom 9. Februar 2010 darstellt (M 4)!

1.4.2 Kontroverse: Das Bildungs- und Teilhabepaket

M1 Kindheit mit Hartz IV

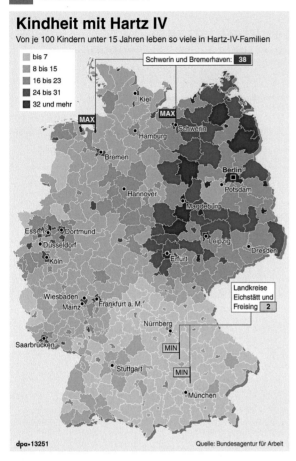

Kindheit mit Hartz IV

Von je 100 Kindern unter 15 Jahren leben so viele in Hartz-IV-Familien

- bis 7
- 8 bis 15
- 16 bis 23
- 24 bis 31
- 32 und mehr

Schwerin und Bremerhaven: 38

Landkreise Eichstätt und Freising 2

dpa·13251   Quelle: Bundesagentur für Arbeit

M2 „Feilschen werde ich nicht." Interview mit Arbeitsministerin Ursula von der Leyen (CDU)

Ursula von der Leyen war Verhandlungsführerin der Regierungskoalition in den Verhandlungen zur Hartz-IV-Reform im Vermittlungsausschuss (vgl. Kap. 1.4.1).

FAZ: Nur ein geringer Aufschlag für die Arbeitslosen, aber mehr Geld für Kinder – ist das eine Neujustierung Ihrer Sozialpolitik?

v. d. Leyen: Ja, es ist ein Paradigmenwechsel. Weg von der
5 Methode „Immer mehr Geld" hin zu der Überlegung, wie man eine bessere Wirkung erzielen kann. Die Kinder erhalten mehr Chancen, sie kommen dorthin, wo die Gleichaltrigen sind. Denn in den ersten Lebensjahren entscheidet sich, ob sie die Erfahrung machen, dass sie gebraucht werden, dass sich
10 Anstrengung lohnt und dass sie Talente haben. Das erfährt man am besten unter Gleichaltrigen. [...]

FAZ: Aber sind zehn Euro im Monat nicht viel zu wenig?

v. d. Leyen: Wieso zehn Euro? Pro Kind und Jahr ist das Bildungspaket im Schnitt 320 Euro wert. Das Verfassungsgericht
15 hat uns sowohl aufgetragen, den Kindern in der Schule Lernförderung zu ermöglichen als auch Teilhabe im Alltag. Sie sollen dort mitmachen können, wo die Gleichaltrigen sind. [...]

FAZ: Wir sprachen bisher immer vom Vater Staat, jetzt haben wir auch die Mutter Staat, die sich stärker um Kinder kümmert
20 mert und damit das repariert, was Eltern und Familien nicht mehr leisten.

v. d. Leyen: Erstens: Wir lassen die Väter nicht aus der Haftung, deshalb sind es Vater und Mutter Staat. Zweitens: Reparaturbetrieb – das zeugt von statischer Denke. Ich sehe es als wichtigste Aufgabe des modernen Sozialstaates an, Men- 25 schen nicht passiv zu alimentieren, sondern sie möglichst von Kindesbeinen an zu befähigen, ein Leben unabhängig von sozialer Unterstützung zu führen. [...]

FAZ: Wenn wir die Kinder nicht besser fördern, wird der Sozialstaat auf Dauer zu teuer? 30

v. d. Leyen: In der Tat. Die Gesellschaft, die lieber alimentiert, statt Menschen zu befähigen, wird irgendwann von den Sozialausgaben erdrückt. Und es fehlen ihr auch noch die gut ausgebildeten Arbeitskräfte, die die Mittel erst erwirtschaften müssen. [...] 35

FAZ: Die Menschen haben aber wieder ein höheres Bedürfnis nach Sicherheit.

v. d. Leyen: Menschen haben sich immer nach Sicherheit gesehnt. Der moderne Sozialstaat muss das ernst nehmen. Wenn er sich aber nicht überfordern will, muss er gerade in 40 ökonomisch guten Zeiten zur Unabhängigkeit ermuntern. Denn die Menschen haben nicht nur ein tiefes Bedürfnis nach Sicherheit, sondern auch nach Unabhängigkeit.

FAZ: Ihr Paradigmenwechsel geht weit über traditionelle Sozialpolitik hinaus. Sie propagieren damit ein ganz bestimmtes 45 Erziehungsmodell. Sie legen die Normen dafür fest, wie ein Kind aufwachsen sollte – mit Musik und Sport und so weiter.

v. d. Leyen: Kinder und Eltern können immer noch frei entscheiden, ob sie ins Museum, zum Fußball, zum Bastelklub oder in die Musikschule gehen wollen. Ich finde, alle Kinder 50 sollten mit Musik aufwachsen, mit Sport und mit einer Gemeinschaftserfahrung. Dass das alles gut ist für Kinder, ist nicht wirklich eine neue Erkenntnis.

FAZ: Nein, neu ist nur, dass Sie das jetzt vorgeben.

v. d. Leyen: Warum? Die Kinder haben doch völlig freie Wahl. 55 Außerdem: Wo ist das Problem? Musikerfahrung im Kindesalter hat doch eine enorme lebenslange Bedeutung für Menschen. [...]

FAZ: Sie legen die Gesellschaft damit auf bürgerliche Ideale fest. Das ist die Perspektive einer bestimmten Schicht. 60

v. d. Leyen: Was wäre denn die Alternative? Ein paar Euro mehr Bargeld und fest daran glauben, dass damit alle Probleme gelöst sind? Unsere Vorgabe vom Verfassungsgericht war, dafür zu sorgen, dass nicht nur Essen und Trinken gewährleistet sind, sondern Zugang zu Bildung und gesellschaftliche Teilhabe. [...] 65

Feilschen werde ich nicht, Interview von Inge Kloepfer und Konrad Mrusek, in: Frankfurter Allgemeine Sonntagszeitung vom 26. Dezember 2010

M3 Christine Haderthauer (CSU), bayerische Sozialministerin

Welt Online: Wie kommt das Bildungspaket in Bayern an?

Haderthauer: Leider kommt es noch zu wenig an. In meiner Heimatstadt Ingolstadt, wo die Betroffenen schon vor Wochen angeschrieben wurden, haben unter vier Prozent einen 5 Antrag gestellt. Das Paket hat klare Defizite.

Welt Online: In Bayern tun Sie sich leicht, sozialpädagogische Betreuung zu fordern, dort gibt es den geringsten Anteil von Hartz-IV-Kindern. In Berlin lebt jedes dritte Kind von →Hartz IV.

Haderthauer: Das ist doch kein K.-o.-Argument. [...] Moderne Arbeitsmarktpolitik geht viel weiter: Es geht darum, dass Hartz IV nicht, wie in Berlin, zum Lebensstil wird und nicht vererbt wird. Deutschland hat weltweit die am stärksten verfestigte Langzeitarbeitslosigkeit. Ein Drittel der Kosten des Bildungspakets geht in die Verwaltung, dieses Geld könnte wirklich besser investiert werden.

Welt Online: Wie könnten die Sanktionen für die Eltern aussehen?

Haderthauer: Es muss nichts neu erfunden werden. [...] Bisher bekommen die Hartz-IV-Empfänger weniger Geld, wenn sie ein Jobangebot nicht annehmen. Diesen Mechanismus müssen wir übertragen und ihre Elternverantwortung als Gegenleistung für das Bildungspaket einfordern.

Welt Online: Direkte Hilfen für Schulen sind von staatlicher Seite unmöglich, dagegen steht das Grundgesetz. Halten Sie diese Regelung für zeitgemäß?

Haderthauer: Ja, Lehrer sollten nicht zu Ersatzeltern gemacht werden. Diese Sichtweise setzt sich leider mehr und mehr durch. Wir müssen endlich wieder Elternverantwortung einfordern. Der Weg, Schulen Aufgaben zu geben, für die die Eltern zuständig sind, ist ein Irrweg.

Hadertauer rügt „klare Defizite" beim Bildungspaket, Interview von Dorothea Siems und Thomas Vitzthum am 23. April 2011, aufgerufen unter www.welt.de/politik/deutschland/article13249189/Haderthauer-ruegt-klare-Defizite-beim-Bildungspaket.html am 25. Januar 2013

M4 Manuela Schwesig (SPD),
mecklenburgische Sozialministerin

Manuela Schwesig war Verhandlungsführerin der SPD in den Verhandlungen zur Hartz-IV-Reform im Vermittlungsausschuss (vgl. Kap. 1.4.1, M3)
Das Bildungspaket für Kinder von Geringverdienern ist nach Einschätzung der SPD noch weit von einem Erfolg entfernt. Die Vize-Vorsitzende der SPD, Manuela Schwesig, sagte [...], [die] Umsetzung sei zu bürokratisch [...]. Allerdings gebe es auch Probleme bei einzelnen Leistungen: Der Zehn-Euro-Gutschein für Vereinsbeiträge etwa gehe am Ziel vorbei. „Das Problem ist, dass die Kinder keinen Zugang haben, zum Beispiel weil die Motivation der Eltern fehlt, weil die Sportkleidung nicht vorhanden ist oder Hin- und Rückweg nicht organisiert werden können. Deswegen wäre es sinnvoll, direkt in Vereine und in Schulsozialarbeiter zu investieren, die die Sache in die Hand nehmen."

dapd: Manuela Schwesig: Bildungspaket ist noch kein Erfolg, vom 30. Dezember 2011, aufgerufen unter www.derwesten.de/nachrichten/schwesig-bildungspaket-ist-noch-kein-erfolg-id6202010.html am 8. Januar 2012

M5 Kritik an von der Leyens Bildungsgutscheinen

[...] Nach Ansicht von Sozialverbänden sind die Pläne der Regierung schon jetzt eine Farce: 390 der 480 eingeplanten

Millionen seien allein vonnöten, um die gestiegenen Lebenshaltungskosten seit der letzten Anhebung der Regelsätze auszugleichen, sagte der Hauptgeschäftsführer des Paritätischen Wohlfahrtsverbandes, Ulrich Schneider. [...]
Die Arbeitsministerin [...] verweist auf ein Kartensystem, das sich seit Jahren in Stuttgart bewährt habe und auch auf Schweden, wo Bildungsmöglichkeiten der Kinder „onlinebasiert oder über Kartensysteme erbracht werden: ganz unkompliziert, ganz unbürokratisch – und vor allem ohne Stigma". Damit versucht sie, einen der Haupteinwände gegen Gutscheinsysteme herkömmlicher Art zu entkräften: Kritiker wie der Kölner Politologe und Armutsforscher Christoph Butterwegge sehen darin nur eine weitere Form der Diskriminierung. Wer Gutscheine einlöse, müsse sich „als Transferleistungsempfänger outen". [...]

dpa/Reuters: Kritik an von der Leyens Bildungsgutscheinen, vom 5. Juli 2010, aufgerufen unter www.zeit.de/politik/2010-07/hartz-IV-kinder-leyen am 25. Januar 2013

M6 Cem Özdemir,
Bundesvorsitzender von BÜNDNIS 90/DIE GRÜNEN

Es ist wichtig, gerade auch Kindern aus sozial schwächeren Familien neue Möglichkeiten zu eröffnen und ihre Bildungschancen zu verbessern. [...] Ich habe auch nie ein Hehl daraus gemacht, dass es Fälle geben kann, wo man gegebenenfalls sogar gegen die Familie erziehen muss, wenn die elterlichen Pflichten auf Kosten der Chancen der Kinder nicht entsprechend wahrgenommen werden. Damit werden Eltern nicht unter einen Generalverdacht gestellt. [...] Der Vorschlag einer Chipkarte ist aber keine überzeugende Lösung. Für eine Stadt wie Stuttgart mag eine Chipkarte sinnvoll und praktikabel sein, aber nicht für alle. Durch den bürokratischen Aufwand entstehen weitere Kosten für ohnehin schon überschuldete Kommunen.

Özdemir am 13. August 2010, aufgerufen unter www.oezdemir.de am 8. Januar 2012

M7 Christoph Meyer (FDP),
Spitzenkandidat Berlin

Berlins liberaler Spitzenkandidat Christoph Meyer stellt harte Forderungen auf. Er will Sanktionen für Hartz-IV-Eltern, die ihre Kinder nicht fördern. Die Zurückhaltung vieler Eltern bei der Beantragung der Bildungsgutscheine sei ihm unverständlich [...]. Meyer sagte, offenbar gehe es vielen Eltern nur darum, Geld vom Staat zu bekommen. Mögliche Sanktionen sollen sich seiner Meinung nach an denen orientieren, die bereits für Hartz-IV-Empfänger vorgesehen sind, die sich weigern, einen angebotenen Job anzunehmen. Das wären in der ersten Stufe 30 Prozent des Regelsatzes (ca. 120 Euro).

Autor „sam" in DIE WELT Online: FDP-Mann will schlechten Eltern Hartz IV kürzen, vom 26. April 2011, aufgerufen unter www.welt.de/politik/deutschland/article13265363/FDP-Mann-will-schlechten-Eltern-Hartz-IV-kuerzen.html am 25. Januar 2013

M 8 Die Stuttgarter Familiencard

Während die FDP über die Bildungsgutscheine jubelt und sich bestätigt sieht, weil sie schon immer wollte, dass die jeweilige Bildungseinrichtung nicht von der öffentlichen Hand bezahlt wird, sondern die Nutzer, die das Bildungsangebot
5 wahrnehmen, es auch finanzieren, spricht sich die CSU strikt gegen Gutscheine aus. Sie sieht darin eine Bevormundung der Hartz-IV-Empfänger und ein Misstrauensvotum. Grüne und SPD sehen in der Hartz-IV-Karte eine Stigmatisierung. Auch in Stuttgart, wo es die „Familiencard" schon seit 2001
10 gibt, wurde lange über die Probleme diskutiert. Einerseits wollte das Sozialamt die Familien nicht bevormunden, andererseits wollte es sicher sein, dass das Geld ausschließlich den Kindern zugutekommt. [...] Für die Stuttgarter ist die „Familiencard" ein Ausweg, Familien in der Stadt zu halten
15 und die Familienfreundlichkeit der Stadt unter Beweis zu stellen. Aber Stuttgart bietet auch die nötige Infrastruktur, die den Kartennutzern die Entscheidung ermöglicht, wo sie ihr Guthaben einlösen. Trotz der fast zehnjährigen Erfahrung wissen viele Eltern allerdings immer noch nicht, dass sie auch
20 Nachhilfestunden für ihre Kinder damit finanzieren können.

Heike Schmoll: Bildungsgutscheine als Bevormundung?
in: Frankfurter Allgemeine Zeitung vom 12. August 2010

M 9 Stimmen zum Bildungspaket ein Jahr danach

„Es ist kein Bürokratiemonster": Arbeitsministerin Ursula von der Leyen hat ein Jahr nach dem Start eine positive Bilanz ihres Bildungspakets gezogen. [...] Sozialverbände und Opposition hatten den Verwaltungsaufwand scharf kritisiert.
5 *Berlin* – Bei ihrem Bildungspaket für Hartz-IV-Kinder sieht Bundesarbeitsministerin Ursula von der Leyen die Anlaufschwierigkeiten überwunden. „Wir können jetzt die Früchte unserer Arbeit ernten", sagte die CDU-Politikerin am Freitag in Berlin ein Jahr nach dem Start des Programms. Die Betrof-
10 fenen hätten das Angebot gut angenommen.
Nach Umfragen des Deutschen Landkreistages und des Deutschen Städtetages beantragten zuletzt im Durchschnitt 53 bis 56 Prozent der Berechtigten Leistungen aus dem Bildungspaket. Im November 2011 waren es erst 44 bis 46 Prozent,
15 im Juni – also drei Monate nach dem Start – erst 27 und 30 Prozent. [...]
Nach Ansicht der Opposition versickern zu viele Mittel in der Verwaltung des Programms. SPD-Fraktionsvize Elke Ferner erklärte, viele Kinder kämen nur nach einem enormen büro-
20 kratischen Aufwand in den Genuss der Leistungen. Mecklenburg-Vorpommerns Arbeits- und Sozialministerin Manuela Schwesig (SPD) forderte Nachbesserungen: „Viel zu kompliziert und bürokratisch" sei das Programm. Grünen-Fraktionschefin Renate Künast warf von der Leyen vor, sie habe „den
25 komplett falschen Weg eingeschlagen".
Am stärksten nachgefragt wurden bislang Zuschüsse zum Mittagessen: Anträge dazu stellten 42 Prozent der Hartz-IV-Empfänger in den Städten und 52 Prozent in den Landkreisen. Am zweithäufigsten – mit 27 und 24 Prozent – wurden
30 Zuschüsse zu Ausflügen und Klassenfahrten beantragt. Die Antragsquote für Beiträge zu Sportvereinen und Musikschulen liegt bei 21 beziehungsweise 14 Prozent. Lernförderung und Schülerbeförderung werden nach wie vor mit jeweils nur rund 5 Prozent nachgefragt. [...]

Unterstützung für von der Leyen gab es von Vertretern der 35 Kommunen, Städte und Landkreise: Aus Sicht des Hauptgeschäftsführers des Deutschen Landkreistages, Hans-Günter Henneke, ist die Bilanz nach einem Jahr positiv. Es gebe „keine Stigmatisierung" der Kinder und „keine signifikanten Unterschiede zwischen Stadt und Land". Sein Kollege Gerd Lands- 40 berg vom Deutschen Städte- und Gemeindebund nannte die Antragsquote ordentlich.

dpa: Bildungspaket: Von der Leyen verteidigt ihr Prestigeprojekt,
SPIEGEL ONLINE vom 30. März 2012, aufgerufen unter
www.spiegel.de/politik/deutschland/arbeitsminister-von-der-
leyen-zieht-positive-bilanz-beim-bildungspaket-a-824862.html
am 22. Januar 2013

M 10 Wer ist verantwortlich für die Kinder einer Gesellschaft?

Wer will hier wem Bildungsgutscheine in die Hand drücken? Wer bringt das Kind, das allein durch die Gegend zieht, zum Schwimmunterricht oder zur musikalischen Früherziehung? Gibt es so etwas auf dem flachen Land überhaupt? Sind unsere Vorstellungen von Ordnung, Sauberkeit und Erziehung 5 spießbürgerlich und können gar nicht auf jeden angewandt werden? (So wie das Recht auf selbstbestimmtes Leben ja auch nicht für alle Mädchen in diesem Land gilt.) Werden arme Kinder durch Bildungsgutscheine stigmatisiert? Während wir diskutieren und das Jugendamt einmal die Wo- 10 che in der verwahrlosten Wohnung Ratschläge gibt, muss Ursula von der Leyen nicht explizit zuständig sein, um Verantwortung zu übernehmen. Mit dem Bildungsgutschein erinnert sie daran, was einem Kind neben einem Regelsatz noch alles zusteht. Das ist ein guter Anfang. Gelöst werden 15 unsere Probleme aber nur, wenn aus dem Stückwerk endlich ein Ganzes wird. Und es für alle Kinder (und ihre Eltern) in diesem Land wieder Platz gibt. Statt Grenzen.

Ricarda Junge: Bildungsgutschein – ein guter Anfang,
in: Frankfurter Rundschau vom 26. August 2010

ARBEITSAUFTRÄGE

1. Ordnen Sie die Materialien M 1–M 8 zunächst kurz zeitlich in den Verhandlungsprozess um die Hartz-IV-Reform ein (vgl. M 1 in Kap. 1.4.1)!

2. Unterziehen Sie das Bildungspaket kriteriengeleitet einer Beurteilung aus sozialpolitischer Perspektive (geeignete Kriterien zur Beurteilung sind z.B. Effizienz, Effektivität, Funktionalität, Legitimität, ...)!

3. Erarbeiten Sie aus den Materialien M 2–M 9, welche Vorstellungen von Freiheit und Gleichheit in der Debatte um das Bildungspaket explizit oder implizit erkennbar sind!

4. Erörtern Sie unter Einbeziehung Ihrer Arbeitsergebnisse den Wertekonflikt, der den Gegensatz von Freiheit und Gleichheit kennzeichnet!

5. Entwickeln Sie selbst ein Fördermodell für Kinder aus sozial schwachen Familien, das die Rolle von Staat und Erziehungsberechtigten im Spannungsverhältnis von Freiheit und Gleichheit aus Ihrer Sicht angemessen berücksichtigt!

1.4.3 Pro und kontra (Bildungs-)Gutschein

M 1 Der gute Schein der Gutscheine?

Nicht erst das Bildungs- und Teilhabepaket von 2010 hat den Gedanken von Sachleistungen im staatlichen Wohlfahrtssystem hervorgebracht.

Deutschland wird zum Gutscheinland [...] Damit steht Deutschland nicht allein. In den Vereinigten Staaten zum Beispiel hat jüngst der Supreme Court jene „School Vouchers" für zulässig erklärt, mit denen mittlerweile die Städte Cleve-
5 land und Milwaukee experimentieren.
Woher stammt diese auffällige neue Liebe zu Gutscheinen, Vouchers oder Coupons? Diese Instrumente haben in der Tat viele Vorzüge, allen voran einen moralischen: Allein die Möglichkeit, autonom und persönlich seine Nachfrage auszudrü-
10 cken, entspricht dem selbstbestimmten Menschen. [...]
Gutscheine helfen zudem den Schaden zu reparieren, den ein ausgeuferter, überregulierter Wohlfahrtsstaat anrichtet: Sie geben der heutigen Gesellschaft, die gespalten ist zwischen jenen Mitgliedern, die über Entscheidungsspielraum verfü-
15 gen, und jenen, denen ein solcher vorenthalten ist, eine wesentliche Grundlage staatsbürgerlicher Gleichheit zurück. [...]
Die Idee der Gutscheine berücksichtigt, dass nur Wettbewerb Qualität und Innovation hervorbringt und zugleich zuverlässig für Rechenhaftigkeit sorgt. Diesen Sachverhalt nicht zu
20 nutzen wäre in finanziell schwierigen Zeiten grob fahrlässig. Nun ist der Staat aber offensichtlich nicht willens, auf breiter Front auf die Eigenverantwortung seiner Bürger sowie auf Markt und Wettbewerb zu setzen. Als Rechtfertigung dafür muss häufig das Schlagwort der „öffentlichen Güter" her-
25 halten. Öffentliche Güter werden auf dem Markt angeblich nicht in ausreichender Menge bereitgestellt, weil sich keine entsprechende Zahlungsbereitschaft mobilisieren lässt. Nicht immer entspricht dieses Argument der Realität. [...]
Gutscheine bieten einen pragmatischen Ausweg aus diesem
30 Dilemma [...] – mit Gutscheinen kann der Staat von der zumeist ineffizienten Objektförderung zur Subjektförderung übergehen und lässt den Menschen dann wenigstens innerhalb der jeweiligen Güterkategorie die Wahl. Zugleich setzt er die eigenen Einrichtungen der Konkurrenz durch Private
35 aus. [...]
Der Wettbewerb um die Kaufkraft der Konsumenten setzt die richtigen, die marktlichen Anreize: Wer als Anbieter Gutscheine einsammeln will, muss auf die Wünsche seiner Kunden eingehen – zum Beispiel mit flexiblen Öffnungszei-
40 ten, besonders ausgebildetem Personal, einer spezifischen politischen oder religiösen Orientierung und anderen maßgeschneiderten Angeboten. [...] Gutscheine haben aber auch Mängel. Sie können nur so gut sein wie das Ziel, das mit ihnen verfolgt wird. So gilt die größere Wahlfreiheit, die sie
45 vermitteln, immer nur innerhalb der ausgewählten Kategorie von Gütern – und damit ist unweigerlich eine Diskriminierung verbunden. Im Fall der Kinderbetreuung etwa haben die Eltern nur die Wahl zwischen verschiedenen Formen der Fremdbetreuung; für die heimische Erziehung gelten die
50 Gutscheine nicht.

Karen Horn: Der gute Schein der Gutscheine, in: Frankfurter Allgemeine Zeitung vom 12. Dezember 2002, S. 13

M 2 Ist das Bildungspaket sozial „gerecht"?

Sachurteile zu Freiheit und Gleichheit werden, vor allem in sozialpolitischen Fragen, allzu häufig von Werturteilen überlagert, in denen sich unterschiedliche Auffassungen von Gerechtigkeit widerspiegeln. Mindestens vier Gerechtigkeitsprinzipien finden sich in Institutionen und Rechtsprechung:

Gleichheitsprinzip: Es fordert, jedem gleiche Rechte oder den gleichen Anteil an Gütern und Lasten zuzuweisen. Abgeleitet davon ist das Prinzip der Chancengerechtigkeit, das fordert, jedem – unabhängig von Herkunft und nicht selbst verantworteten Einschränkungen – möglichst gleiche Chan-
5 cen beim Zugang zu Gütern oder Positionen zu gewähren.
Leistungsprinzip: Es verlangt die Belohnung individueller Anstrengungen und Leistungen, durchaus mit dem „Nebengedanken", Leistungsanreize zu schaffen.
Anrechtsprinzip: Insbesondere die bundesdeutschen sozialen
10 Sicherungssysteme folgen dem Prinzip der zugeschriebenen oder erworbenen Anrechte. [...]
Bedarfsprinzip: Das Ziel ist die Sicherung einer minimalen oder „angemessenen" Deckung von Grundbedürfnissen.

Stefan Liebig/Meike May: Dimensionen sozialer Gerechtigkeit, in: Bundeszentrale für politische Bildung (Hrsg.): Aus Politik und Zeitgeschichte, 47/2009, Bonn, S. 5

Abb. 17.1: Karikatur (Jan Tomaschoff)

ARBEITSAUFTRÄGE

1. Ordnen Sie die Begriffe *polity*, *policy* und *politics* der Hartz-IV-Reform zu!

   Anmerkung: Informieren Sie sich über die Dimensionen der Politik und über den Politikzyklus im Themenheft „Demokratie und sozialer Rechtsstaat" der Reihe politik. wirtschaft. gesellschaft. auf den S. 22–23.

2. Wenden Sie den Politikzyklus auf die Hartz-IV-Reform an!

3. Beurteilen Sie Chancen und Risiken von Anreizsystemen, die auf Gutscheinen basieren! Beziehen Sie Ihre Erkenntnisse auch auf die Hartz-IV-Reform!

4. Ziehen Sie eine Bilanz, indem Sie sich kritisch mit dem Bildungs- und Teilhabepaket als Kernstück der Hartz-IV-Reform von 2010/11 auseinandersetzen! Beziehen Sie M 1 und M 2 in Ihre Überlegungen mit ein!

1.5 Streitbare Demokratie – Die neue Bürger- und Zivilgesellschaft

M1 Bürgerliche, Piraten, Occupy – was den neuen
Protest ausmacht

Die Wut hat sich auf die Suche gemacht nach einer Gruppe,
gegen die sie sich richten kann, und nach einer Partei, die
ihr eine Stimme geben könnte. Warum ist das so? Zurzeit
[...] finden sich triftige Gründe, wütend zu sein: Banken, die
5 ihre gefährlichen Gewinne einsacken und die Verluste der
Allgemeinheit in den Rachen kippen; Staaten, die sich massiv
verschulden auf Kosten anderer Generationen; europäische
Regierungen, die das alles nicht in den Griff zu bekommen
scheinen. Absolut plausibel erscheinen da Vertrauensverlust
10 und Wutzunahme. Dennoch stimmt die Analyse nicht ganz.
Denn die Volksparteien haben schon lange vorher angefan-
gen abzuschmelzen, auch die Wahlbeteiligung geht schon
eine Weile zurück. Nein, die gegenwärtige europäische Krise
verschärft etwas, sie hat es aber nicht ausgelöst. Aber was
15 dann? Es liegt alles an dem großen Experiment, dem größten,

das mit den westlichen Demokratien je unternommen wurde.
Drei Dinge werden derzeit überprüft:
1. Funktioniert die Demokratie auch dann noch, wenn dau-
erhaftes Wohlstandswachstum nicht gewährleistet werden kann? 20
2. Funktioniert die Partizipation der Massen auch dann
noch, wenn man sie nicht mehr mit immer neuen Schulden zufriedenstellen kann?
3. Kann die Demokratie sich noch gegenüber anderen Systemen behaupten, wenn die ökonomisch-technische Überle- 25
genheit ihr nicht zusätzliche Wettbewerbsvorteile bietet?
War also bislang wirklich unsere Demokratie überlegen, oder
war es nur unsere Industrie? Das System selbst stellt sich in-
frage, die Wirklichkeit hat sich radikalisiert.

Bernd Ulrich: Radikal, und jetzt? Bürgerliche, Piraten,
Occupy – was den neuen Protest ausmacht, in: DIE ZEIT vom
3. November 2011, S. 2

1.5.1 Stuttgart 21 und das Wutbürgertum

M2 Großprojekt Stuttgart 21

1985: Die Bahnverbindung zwischen Stuttgart und Ulm soll
verbessert werden.
1994: Das Projekt wird vorgestellt, eine Machbarkeitsstudie
in Auftrag gegeben. Erster Widerstand regt sich.
5 **2005:** Die Baugenehmigung wird erteilt.
26. Oktober 2009: Erste „Montagsdemonstration" gegen
Stuttgart 21, vier Teilnehmer; eine Woche später sind es
zwanzig.
Februar 2010: offizieller Beginn der Bauarbeiten.
10 **30. September 2010:** Die Auseinandersetzungen zwischen
Polizei und Demonstranten eskalieren.
Oktober/November 2010: Acht Runden öffentlicher Schlichtung („Faktencheck"); erstmals müssen eine Landesregierung
und die Bahn ein Großprojekt vor einer Bürgerbewegung
15 rechtfertigen. Ergebnis: Weiterbau mit Nachbesserung.
März 2011: Bei den Landtagswahlen erleidet die CDU eine
historische Wahlniederlage. Das grün-rote Regierungsbünd-
nis ist uneins in der Bahnhofsfrage. B90/Grüne und SPD einigen sich auf eine Volksabstimmung über das Bahnprojekt.
20 **27. November 2011:** In der Volksabstimmung sprechen sich
zu wenige Baden-Württemberger gegen das Projekt aus.

nach: Gerhard Matzig: Von Stuttgart nach Ulm, in: Süddeutsche
Zeitung vom 26./27. November 2011, S. V2/1

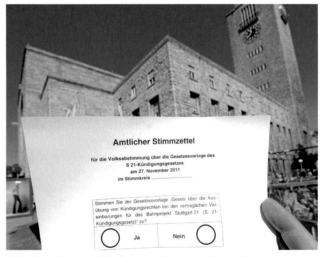

Abb. 18.1: Der amtliche Stimmzettel der Volksabstimmung vom
November 2011

M3 Die Entdeckung des Wutbürgers

Die Proteste gegen Stuttgart 21 werden von Bürgerlichen
getragen, darunter CDU-Wähler und Rentner. Auch sie treibt
die nackte Wut, auch sie brüllen und hassen. Tag für Tag, Woche für Woche zieht es sie an den Bauzaun, wild entschlos-
5 scn, in fanatischer Gegnerschaft. [...]
Der Wutbürger denkt an sich, nicht an die Zukunft seiner
Stadt. Deshalb beginnt sein Protest in dem Moment, da das
Bauen beginnt, also die Unannehmlichkeit. Nun schiebt er

das beiseite, was Bürgertum immer ausgemacht hat: Ver-
antwortlichkeit, nicht nur das Eigene und das Jetzt im Blick 10
zu haben, sondern auch das Allgemeine und das Morgen. Er
vergisst zudem, dass er die Demokratie trägt. Es spielt keine
Rolle mehr, dass das Bahnhofsprojekt in einem langen Prozess durch alle demokratischen Instanzen gegangen ist. Der
Wutbürger hat das Gefühl, Mehrheit zu sein und die Lage 15
besser beurteilen zu können als die Politik. Er macht sich zur
letzten Instanz und hebelt dabei das gesamte System aus. [...]
Er versteht nicht oder will nicht verstehen, dass ein Sieg der
Gegner von Stuttgart 21 jeden anderen Protest in Deutschland beflügelt. Fast jedes neue Kraftwerk, fast jede Hoch- 20
spannungsleitung, fast jedes Windrad, fast jede Straße ist
umstritten, weil sie nicht in Lebensgefühle passen oder Le-
benslagen verändern. Deutschland wird erstarren, wenn sich
allerorten die Wutbürger durchsetzen. [...]
Bei weitem nicht alle Bürger sind Wutbürger. Aber weil die 25
sich so laut empören, prägen sie das Gesicht der Gesellschaft,

Abb. 19.1: Demonstration gegen das Bahnhofsprojekt Stuttgart 21

prägen sie den Geist der Zeit. Und ihre Zahl steigt. Dafür gibt es zwei Gründe. [...] Der erste Grund ist, dass die Wutbürger der Politik die Gefolgschaft aufgekündigt haben. [...] Der Wut-
30 bürger macht nicht mehr mit, er will nicht mehr. Er hat genug vom Streit der Parteien, von Entscheidungen, die er nicht versteht und die ihm unzureichend erklärt werden. Er will nicht mehr staatstragend sein, weil ihm der Staat fremd geworden ist. [...] Der zweite Grund ist, dass die Deutschen älter werden.
35 Was jetzt passiert, ist ein Vorbote der demografisch gewandelten Gesellschaft. Die Wutbürger sind zu einem großen Teil ältere Menschen, und wer alt ist, denkt wenig an die Zukunft. [...] Zur Freiheit der Bürger in einer Demokratie gehört auch die Pflicht, über sich nachzudenken, das eigene Verhalten,
40 die eigene Rolle. Die meisten Bürger, die sich jetzt ihrer Wut hingeben, müssten dazu eigentlich in der Lage sein. [...]

Dirk Kurbjuweit: Der Wutbürger (Essay), in: DER SPIEGEL 41/2010, S. 26 f.

M4 Schlichter Heiner Geißler (CDU) über den Wutbürger und die Demokratie

Die Protestbewegung hat die Schlichtung, die Volksabstimmung und das neue Verfahren erzwungen. Der sogenannte Wutbürger entpuppte sich in Wirklichkeit als der moderne Aufklärer. Durch Befreiung von der selbstverschuldeten Un-
5 mündigkeit machten sich diese Menschen fähig zum selbstständigen Denken und der Bildung eines eigenen Urteils, unabhängig von Behörden und formalen Parlamentsentscheidungen. Vor dem Faktencheck waren nur 25 Prozent der Bevölkerung für den neuen Bahnhof und 60 Prozent dagegen.
10 Nach der Schlichtung hatte sich das Verhältnis umgekehrt, entsprach also dem, was bei der Volksabstimmung herausgekommen ist. Gewonnen hat bei dieser Volksabstimmung vor allem die Einsicht, dass es mit dem bisherigen Prozedere in Deutschland so nicht weitergehen kann. Im vorhande-
15 nen Baurecht leistet sich Deutschland ein hochbürokratisches Verfahren mit vielen Doppel- und Dreifachprüfungen,

unzumutbarem Zeitaufwand und kostspieligen Mehrfachgutach-
ten. Im europäischen Vergleich rangiert Deutschland in punkto 20 Bürgernähe und Öffentlichkeitsbeteiligung auf den hinteren Plätzen. In keinem anderen EU-Staat sind die Ausschlussregeln so streng: Wer in Deutschland 25 seine Bedenken nicht innerhalb kurzer Frist vorbringt, ist damit für immer ausgeschlossen. In den →**Planfeststellungsverfahren** gibt es keine Mitsprache, son- 30 dern nur Bescheide von oben. Deutschland braucht eine Ergänzung der parlamentarischen Demokratie durch eine Verstärkung der unmittelbaren Demo- 35 kratie sowie eine grundlegende Reform des öffentlichen Planungs- und Baurechts. [...]
In einer Zeit der Mediendemokratie mit Internet, Facebook, Blogs, einer Billion Websei- 40 ten und der Organisation von Zehntausenden Menschen per Mausklick kann die Demokratie nicht mehr so funktionieren wie im vergangenen Jahrhundert. Die Zeit der Basta-Politik ist vorbei, auch Parlamentsbeschlüsse werden hinterfragt, vor allem, wenn es Jahre dauert, bis sie realisiert werden. Gleich- 45 zeitig wird eine zwingende verfassungsrechtliche Vorausset-zung erfüllt. Im Grundgesetz heißt es: Alle Staatsgewalt geht vom Volke aus, sie wird durch Wahlen und Abstimmungen ausgeübt. Bisher legitimierte sich unsere Demokratie durch Wahlen. Durch Abstimmungen? Fehlanzeige. Das wird sich in 50 der Zukunft ändern.

Heiner Geißler: Außenansicht. Die Kraft des Zorns, in: Süddeutsche Zeitung vom 1. Dezember 2011, S. 2

ARBEITSAUFTRÄGE

1. Ordnen Sie M3 und M4 zeitlich ein (Chronologie) und fassen Sie den Standpunkt der Verfasser zusammen!

2. Erarbeiten Sie die Ursachen der offensichtlich empfundenen Abgrenzung (Wut) der Bürger vom politischen Betrieb!

3. Informieren Sie sich über Modalitäten der direkten Demokratie im Bundesland Baden-Württemberg und beurteilen Sie das Ergebnis des Volksentscheides!

4. Grenzen Sie Geißlers Idee der „unmittelbaren Demokratie" (M4) von der direkten Demokratie ab und diskutieren Sie anhand von Stuttgart 21 Möglichkeiten, dadurch aus Wutbürgern „Mutbürger" (Gerhard Matzig) zu machen!

5. Entwickeln Sie vor dem Hintergrund von Stuttgart 21 aus den Materialien Antworten auf Ulrichs (M1) drei Kernfragen zur Zukunft der Demokratie!

1.5.2 Die Piratenpartei

M1 Was macht den neuen Protest aus?

Abb. 20.1 und 20.2: Die Piratenpartei vor ihrer ersten Fraktionssitzung im Berliner Abgeordnetenhaus und Wahlplakat (2011)

M2 Ursprung der Piraten

[S]olange die Medien mit Freibeuter-Bildern befasst sind, stellt niemand auf großer Bühne die Frage: Warum heißen die überhaupt Piraten? [...] Berauscht von der eigenen Bedeutung scheinen die Piraten vergessen zu haben, wo sie eigentlich
5 herkommen und wofür sie gewählt wurden. [...] Gegründet wurde die Piratenbewegung zum Jahreswechsel 2005/06 mit dem klaren politischen Ziel, Raubkopierer, Downloader und eben Piraten in die Parlamente zu bringen. Deren Lebensrealität sollte Bestandteil parlamentarischer Arbeit werden, um
10 die Welt auf der anderen Seite des digitalen Grabens im politischen System abzubilden. Es ging darum, schrieb der schwedische Piratengründer Rick Falkvinge am Wochenende in seinem Blog, Urheberrechtsfragen auf die Agenda der Abgeordneten zu heben. Deshalb trägt die Partei diesen Namen, sie
15 will die Zuschreibung des Daten- oder Musikpiraten umdeuten und von seiner kriminellen Konnotation befreien. Jetzt, da sie erstmals in einem deutschen Parlament sitzen, scheinen sie genau das vergessen zu haben. Sie sprechen über fahrscheinlosen Nahverkehr, aber nicht über das Urheberrecht. [...] Doch
20 die Debatte über eine dafür notwendige Reform des Urheberrechts ist derzeit nicht opportun, sie setzt die Kraft voraus, auch gegen Widerstände zu agieren. Diese Kraft können oder wollen die Piraten nicht aufbringen. [...] Die Piraten würden gut daran tun, sich an die digitale Bürgerrechtsbewegung zu
25 erinnern und das Urheberrecht auch gegen Widerstände als zentrales Thema zu benennen. Denn es ist nicht nur so, dass sie aus dieser Bewegung erwachsen sind. Sie sind in weiten Teilen auch von ihr gewählt worden.

Dirk von Gehlen: Raubkopierer in die Parlamente, in: Süddeutsche Zeitung vom 8. November 2011, S. 2

M3 Piratenpartei zum Urheberrecht

Systeme, welche auf einer technischen Ebene die Vervielfältigung von Werken be- oder verhindern („Kopierschutz", → „DRM", usw.), verknappen künstlich deren Verfügbarkeit, um aus einem freien Gut ein wirtschaftliches 5 zu machen. Die Schaffung von künstlichem Mangel aus rein wirtschaftlichen Interessen erscheint uns unmoralisch, daher lehnen wir diese Verfahren ab. [...]
Da sich die Kopierbarkeit von digital vorliegen- 10 den Werken technisch nicht sinnvoll einschränken lässt und die flächendeckende Durchsetzbarkeit von Verboten im privaten Lebensbereich als gescheitert betrachtet werden muss, sollten die Chancen der allgemeinen Verfügbarkeit von 15 Werken erkannt und genutzt werden. Wir sind der Überzeugung, dass die nichtkommerzielle Vervielfältigung und Nutzung von Werken als natürlich betrachtet werden sollte und die Interessen der meisten Urheber entgegen anders lautender Behauptungen 20 von bestimmten Interessengruppen nicht negativ tangiert.
Es konnte in der Vergangenheit kein solcher Zusammenhang schlüssig belegt werden. In der Tat existiert eine Vielzahl von innovativen Geschäftskonzepten, welche die freie Verfügbarkeit bewusst zu ihrem Vorteil nutzen und Urheber unabhän- 25 giger von bestehenden Marktstrukturen machen können.
Daher fordern wir, das nichtkommerzielle Kopieren, Zugänglichmachen, Speichern und Nutzen von Werken nicht nur zu legalisieren, sondern explizit zu fördern, um die allgemeine Verfügbarkeit von Information, Wissen und Kultur zu verbes- 30 sern, denn dies stellt eine essenzielle Grundvoraussetzung für die soziale, technische und wirtschaftliche Weiterentwicklung unserer Gesellschaft dar.

Grundsatzprogramm der Piratenpartei Deutschland, aufgerufen unter http://wiki.piratenpartei.de/Parteiprogramm am 25. Januar 2012

ARBEITSAUFTRÄGE

1. *Ordnen Sie das Ergebnis der Piratenpartei bei der Berlin-Wahl in das Gesamt-Wahlergebnis (S. 9) ein und charakterisieren Sie die Piratenpartei anhand der Fotos aus den Tagen der Wahl (M1)!*

2. *Arbeiten Sie die Bedeutung des Urheberrechts für die Piratenpartei heraus (M2/M3)!*

3. *Entwickeln Sie eine Prognose: Wird die Piratenpartei sich politisch etablieren können?*

4. *Überprüfen Sie die folgende Aussage: „Die Aushöhlung des Urheberrechts im Internet bedroht die Grundlagen unserer Kultur. Hinter den ‚Gratis-für-Alle'-Parolen steckt eine zutiefst kunst- und geistfeindliche Haltung"!*
(Zitat Sandra Kegel: Unter Piraten, in: Frankfurter Allgemeine Zeitung vom 26. April 2009, aufgerufen unter www.faz.net am 14. Januar 2012)

1.5.3 Cyberdemokratie – Chance für die Demokratie?

M1 Warum sind die Piraten erfolgreich?

Hannah Beitzer ist Journalistin in München und schreibt u. a. für die Süddeutsche Zeitung und Süddeutsche.de.

Junge Leute finden die Piraten gut, weil die ihr Parteiprogramm online zusammen entwickeln, weil man mitreden kann, weil es dort nicht heißt: Hier ist unser Programm, hier ist unser Führungspersonal: Friss oder stirb. Sowas wie
5 „Durchregieren" gibt's da nicht.
Viele Kinder der 68er fühlen sich schon lange nicht mehr von den etablierten Parteien vertreten. [...]
Doch auf einmal ist da etwas anderes, etwas Neues: die Piraten mit ihrer Idee von Transparenz und Online-Mitbestim-
10 mung. Und auf einmal kommen sie raus aus ihren Löchern, die Kinder der 68er. Fast möchte man sagen: Endlich haben wir unseren Generationenkonflikt! [...]
An den Piraten sehen diese Desillusionierten auf einmal, dass man auch als junger Mensch im Politikbetrieb was bewegen
15 kann. Und siehe da: Auf einmal wird auch auf den Wok-und-Wein-Abenden wieder über Politik diskutiert, etwa über die Occupy-Bewegung, die ein ähnliches Demokratieverständnis hat wie die Piratenpartei. Auch dort treffen sich Menschen – und nicht nur junge –, die ein unbestimmtes Gefühl haben,
20 dass vieles nicht stimmt mit dem System. Und sie denken wie die Piraten, dass man die Lösung am besten gemeinsam finden kann. [...]
Die jungen Polit-Amateure erklären etwas irritiert zum wiederholten Mal, dass darüber die nächsten Jahre gemeinsam
25 diskutiert und entschieden werde, etwa über Liquid Feedback, eine Art parteiinterne Online-Plattform, auf der gemeinsam Anträge erarbeitet werden. Da könne ja dann jeder kommen, versuchen die Journalisten eine Provokation. „Auch Sie können uns gerne Vorschläge machen, wir freuen uns über jeden", ent-
30 gegnete einmal die politische Geschäftsführerin der Piraten [bis 2012], Marina Weisband. [...] Die verlockendste Botschaft der Piraten ist auch nicht das Internet, es sind die Möglichkeiten, die daraus erwachsen: Transparenz und Mitbestimmung. Hier liegt das wahre Potenzial der Partei. Mehr Mitmachen
35 wünschen sich nicht nur Computer-Nerds, sondern auch wohlsituierte Bürgersfrauen, Rentner und Familienväter. Das hat die bunte Mischung auf den Occupy-Protesten gezeigt. [...] Die Idee der Online-Mitbestimmung ist in der Welt.

Hannah Beitzer: Netzwärts!, in: Süddeutsche Zeitung vom 5./6. November 2011, S. V2/1

M2 Risiken der Internetdemokratie

Alexandra Borchardt ist leitende Journalistin bei der Süddeutschen Zeitung in München.

Die repräsentative Demokratie [...] hat mal gewärmt und geschützt, aber jetzt gibt es etwas Besseres [...], aber Vorsicht: Sicher kommt das Gewand der Demokratie jetzt in attraktiven neuen Designs daher. Doch nicht jedes von denen hält,
5 was es verspricht. Sinnvoll genutzt kann das Internet Demokratie demokratischer machen. Aber ebenso gut möglich ist, dass es sie bedroht. [...]
Zunächst einmal ist da das Problem mit der Weisheit der Vielen [...] – galt früher der Expertenrat, wird heute in der

Menge nach Hilfe gesucht. → **Crowdsourcing** heißt das im 10 Fachjargon. [...] Hinter scheinbar parteilosen Usern können sich versierte Lobbyisten, in autoritären Staaten auch staatliche Apparate verbergen. [...] Wem es vor der Politik des Hinterzimmers graut, der sollte bedenken: Der Manipulation im Internet ist schwerer beizukommen als jener auf den Fluren 15 von Parlamenten und Parteizentralen, wo jeder jeden kennt, wo Pseudonyme und Mehrfach-Abstimmungen verboten sind. Der Politikwissenschaftler Jürgen Falter schreibt, das Modell Cyberdemokratie könnte „einen Albtraum" wahr machen: „die Herrschaft einer hochpolitisierten Minderheit über 20 eine frustrierte und demotivierte unpolitische Mehrheit".
[...] Im Internet [...] wird gehört, wer am lautesten ist. Der aggressive Blogger, der Dauer-Kommentator – ihre Stimmen wiegen mehr. Wer die Zeit, den Intellekt und die Geduld hat, sich der Flut von Informationen zu bemächtigen, wird seine Freude 25 haben. [...] Politische Entscheidungen sind aber häufig zu komplex, als dass man sie mit einem „Gefällt-mir"-Knopf einfach wegklicken könnte. [...] Es dominieren hochspezialisierte Gruppen mit Partikularinteressen. [...] Demokratie ist zutiefst lokal: der Marktplatz, die Kneipe, der Ortsverein der Partei – meist 30 erwächst Bürgerbeteiligung aus Engagement in der Gemeinde. Das Internet ermöglicht zwar angeblich alles bis hin zu einer Weltgemeinde. Aber verbindliche Begegnungen in der realen Welt nehmen ab, je mehr sich Menschen unverbindlich in der digitalen begegnen. Zu guter Letzt wäre da noch die vielgelob- 35 te Transparenz. Natürlich kann es ein Verdienst des Internets sein, wenn die Furcht vor dem digitalen Rufmord Funktionsträger dazu antreibt, sich nichts zuschulden kommen zu lassen. Der Preis fürs politische Engagement aber wird hoch, vielleicht zu hoch, wenn jeder falsche Satz, jeder falsche Kontakt in elek- 40 tronischer Eile öffentlich gemacht werden. [...] Die digitale Welt erschafft keine Demokratie, wenn in der Welt draußen keine ist.

Alexandra Borchardt: Wie sind die Klicks, in: Süddeutsche Zeitung vom 17./18. Dezember 2011, S. V2/1

Abb. 21.1: Burkhard Mohr: „Ein Forum, über das Bürger gezielt Fragen an ihre Abgeordneten stellen können ..."

ARBEITSAUFTRÄGE

1. Arbeiten Sie aus M1 und M2 Chancen und Risiken der „Cyberdemokratie" heraus!

2. Diskutieren Sie die Karikatur von Mohr, indem Sie einen Zusammenhang zu Ihren Ergebnissen aus Aufgabe 1 herstellen!

2.1 Wirtschaftpolitische Ziele als Subziele gesellschaftlicher Werte

2.1.1 Einkommens- und Vermögensverteilung in Deutschland

M1 Arm und Reich – die Kluft wächst

Nach einer Studie der OECD haben die sozialen Gegensätze in Deutschland besonders schnell zugenommen. Eine Ursache sind die Hartz-IV-Reformen.

Die Kluft zwischen Arm und Reich ist in Deutschland seit der Jahrtausendwende so stark gewachsen wie in kaum einem anderen Industrieland. Die reichsten zehn Prozent der deutschen Haushalte haben heute nach Steuern und Sozialleis-
5 tungen im Schnitt ein verfügbares Einkommen von 57 300 Euro [pro Jahr]. Die ärmsten zehn Prozent müssen dagegen mit 7 400 Euro über die Runden kommen. Das zeigt eine Studie der Organisation für wirtschaftliche Zusammenarbeit und Entwicklung (OECD) zur weltweiten Einkommensungleich-
10 heit. Die Bundesregierung müsse gegensteuern, fordern die Experten der OECD – und empfehlen höhere Steuern für Reiche. [...]
Das Einkommen der reichsten zehn Prozent der Deutschen ist achtmal so hoch wie das der Menschen am unteren Ende
15 der Pyramide. Mitte der 90er-Jahre war es nur sechsmal so hoch. Der Lebensstandard der Armen hat sich auch absolut verschlechtert. Laut OECD hatten die ärmsten zehn Prozent Mitte der 90er-Jahre real rund 600 Euro oder acht Prozent mehr Einkommen zur Verfügung als heute.
20 Die Finanzkrise und die Proteste der „Occupy Wall Street"-Bewegung haben Ungleichheit in den Industriestaaten zu einem Topthema gemacht. Unter dem Motto „Wir sind die 99 Prozent" demonstrieren seit Monaten weltweit Menschen gegen die Macht der Banken – und dagegen, dass nur eine
25 kleine Minderheit vom Wirtschaftswachstum profitiert.
Die OECD-Studie stützt diese Kritik: Die Kluft zwischen Arm und Reich befindet sich demnach auf Rekordniveau. „Die Ungleichheit ist so hoch wie seit 30 Jahren nicht mehr", fasste OECD-Sozialexpertin Monika Queisser die Ergebnisse gestern
30 [am 5. Dezember 2011] zusammen.
Trotz des starken Anstiegs der Einkommensungleichheit liegt Deutschland im Vergleich zu anderen OECD-Ländern allerdings im Mittelfeld. In zahlreichen Ländern wie Großbritannien, den USA und lateinamerikanischen Staaten ist der Un-
35 terschied zwischen Arm und Reich deutlich größer.
Die Pariser Organisation fordert zum Handeln auf. Mit einer aktiven Sozialpolitik sollten die Regierungen die Einkommensungleichheiten bekämpfen. „Diese Studie räumt mit der Idee auf, dass Wirtschaftswachstum automatisch zu den Benach-
40 teiligten in der Gesellschaft durchsickert", betonte OECD-Generalsekretär Angel Gurría. Die großen Einkommensunterschiede seien schädlich für Wirtschaft und Gesellschaft.
Gurría sieht den sozialen Frieden in westlichen Demokratien gefährdet: „In vielen Ländern beginnt sich der Gesellschafts-
45 vertrag aufzulösen." In der Tat haben Wissenschaftler wie Richard Wilkinson und Kate Pickett („The Spirit Level") gezeigt,
dass soziale Probleme wie Kriminalität und Drogenkonsum mit steigender Einkommensungleichheit zunehmen.
In Deutschland sind die Arbeitsmarktreformen der Schröder-Regierung laut OECD-Bericht mitverantwortlich für die ge-
50 stiegene Ungleichheit: „Im Vergleich zu anderen OECD-Ländern haben Deutsche härtere Einschnitte bei den Leistungen für Arbeitslose und Sozialhilfeempfänger hinnehmen müssen." Eine weitere Ursache der wachsenden Kluft sei die Zunahme der Teilzeitarbeit – seit 1984 hat sich deren Anteil von
55 elf auf 22 Prozent verdoppelt. Steuern und Transfers mildern derzeit die Einkommensungleichheit um 29 Prozent ab. Damit verteilt Deutschland etwas mehr Einkommen um, als es im OECD-Durchschnitt der Fall ist.
Die OECD spricht sich für eine noch stärkere Einkommensum-
60 verteilung aus. Sie empfiehlt Berlin eine Trendwende in der Steuerpolitik – der Staat solle Topverdiener stärker belasten. Seit 1981 ist der Spitzensteuersatz in Deutschland von 56 auf 45 Prozent gesunken. Zugleich aber komme Wohlhabenden ein größerer Anteil des Wachstums zugute. „Das bedeutet,
65 dass diese Gruppe jetzt eine höhere steuerliche Leistungsfähigkeit besitzt", so die OECD. Daher könne die Regierung über das Steuersystem mehr umverteilen und so sicherstellen, dass Wohlhabende einen angemessenen Beitrag an der Steuerlast tragen.
70 Ökonomen des Deutschen Instituts für Wirtschaftsforschung (DIW) argumentieren ähnlich. Beim Spitzensteuersatz gebe es „Luft nach oben". Würde er auf 53 Prozent steigen, wären zehn Milliarden Euro an Steuermehreinnahmen pro Jahr möglich, rechnet das DIW vor.
75

Olaf Storbeck: Arm und Reich – die Kluft wächst, in: Handelsblatt vom 6. Dezember 2011, S. 16
Link zur OECD-Studie: www.oecd.org/dataoecd/50/49/49177659.pdf

M2 Ursachen der wachsenden Ungleichheit

Mehrere Faktoren erhöhen laut OECD die Ungleichheit:
Technischer Fortschritt: Hochqualifizierte profitieren davon mehr als Geringqualifizierte.
Arbeitszeit: Höherqualifizierte arbeiten länger, Geringqualifizierte haben oft nur Teilzeitjobs.
5
Reformpolitik: Niedrigere Steuern und weniger Sozialleistungen sollten Wachstum und Produktivität ankurbeln.

Olaf Storbeck (s. o.), S. 16

M3 Gerechtigkeit treibt Wachstum

„Der Sozialvertrag beginnt sich in vielen Ländern aufzulösen", meinte OECD-Chef Angel Gurria in Paris. Und er zieht daraus einen weitreichenden Schluss für die Wirtschaftspolitik: „Zunehmende Ungleichheit schwächt die Wirtschaftskraft eines

5 Landes". Damit bricht die OECD mit der traditionellen ökonomischen Lehre und deren Dogma, das lautet: Soziale Umverteilung mag zwar nett sein. Aber sie kostet Effizienz, weil sie Anreize nimmt und den Markt beim Produzieren optimaler Ergebnisse stört. Also mindert Sozialpolitik den gesamtgesellschaftlichen
10 Wohlstand, was dafür spricht, es mit Hilfen für die Armen nicht zu übertreiben. Besser sei es, durch geringe Steuern und niedrige Sozialleistungen das Wachstum insgesamt zu fördern, wovon am Ende alle profitierten. Auch mit diesem Glauben räumt die Studie auf: Sie widerlegt die Annahme, dass
15 Wachstum automatisch allen Bevölkerungsgruppen zugutekomme. Vielmehr weite sich der Spalt zwischen oben und unten auch in Ländern mit starker Wirtschaft aus. In Deutschland zeigt sich dies besonders markant. [...] Als Ursache nennt die
20 OECD vier zentrale Faktoren:

Die Entwicklung der Gehälter: Diese machen rund drei Viertel der Einkommen aus. Der Abstand zwischen hohen und niedrigen Löhnen nahm in den vergangenen 15 Jahren in Deutsch-
25 land um ein Fünftel zu.

Arbeitszeiten: Auch die zunehmende Teilzeitbeschäftigung verstärkt die Unterschiede. Seit 1984 hat sich der Anteil der Teilzeitarbeiter an allen Beschäftigten auf 22 Prozent verdoppelt.
30 Dies trifft vor allem Frauen, die ohnehin weniger verdienen als ihre männlichen Kollegen. Die Verschiebung zeigt sich indes bei allen Beschäftigten: Verbrachten Geringverdiener vor 20 Jahren im Schnitt 1000 Stunden mit Arbeiten, so sind
35 es heute noch 900 Stunden. Dies ist übrigens ein wichtiger Befund zur Beurteilung der Hartz-IV-Reformen und der Agenda 2010. Denn die zielten im Wesentlichen darauf, arbeitslose Menschen zu aktivieren, also für das Berufsleben zu gewin-
40 nen. Gerade die Gutverdiener gönnen sich dagegen nicht mehr Freizeit – ihre Arbeitszeit liegt konstant bei rund 2250 Stunden im Jahr.

Sozialer Wandel: Immer mehr Alleinerziehende und Singles darben. Auf der anderen Seite fin-
45 den häufiger Paare in der gleichen Einkommensgruppe zueinander, sodass sich gute Verdienste potenzieren. Das traditionelle Modell „Chefarzt heiratet Krankenschwester", das für Umverteilung sorgte, ist auf dem Rückzug.
50 **Finanzpolitik:** Steuern und Sozialleistungen vermindern in Deutschland die soziale Ungleichheit um knapp 29 Prozent. Das ist mehr als im OECD-Schnitt (25 Prozent), aber deutlich weniger als im Jahr 2000 (33 Prozent). Nicht nur verteilen
55 Steuern und Sozialabgaben weniger um. Auch hat die Politik das Niveau der Unterstützungsleistungen wie dem Arbeitslosengeld reduziert. Wenn eine Regierung die Gesellschaft wieder stärker zusammenführen möchte, dann kann sie das. „Es ist kein Na-
60 turgesetz, dass Ungleichheit immer mehr zunimmt", meint Gurría. Die größten Erfolge verspricht laut OECD eine Politik, die mehr Menschen in Lohn und Brot bringt und die hochwertige Arbeitsplätze mit echten Karriereaussichten schafft. Dafür müssten Staaten mehr in Bildung investieren und

benachteiligte Kinder möglichst früh fördern. Auch können 65 Regierungen über die Einkommenssteuer Gutverdiener stärker belasten. Sie können die Steuerflucht eindämmen und Steuererleichterungen für Bessergestellte abbauen. Auch den Ausbau von Steuern auf Vermögen und Grundbesitz empfiehlt die OECD. [...] 70

Markus Sievers: Gerechtigkeit treibt Wachstum, in: Frankfurter Rundschau vom 6. Dezember 2011, S. 9

M4 Entwicklung der Ungleichheit der Einkommen

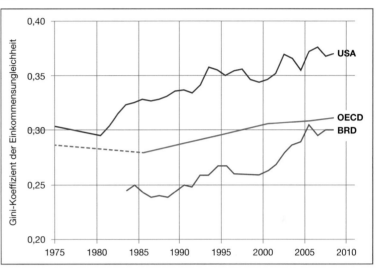

Anmerkung: Zur Berechnung und Bedeutung des → **Gini-Koeffizienten** vgl. Wirtschaftspolitik in der Sozialen Marktwirtschaft aus der Reihe politik. wirtschaft. gesellschaft., S. 18 f., M3

M5 Effekte der Umverteilung

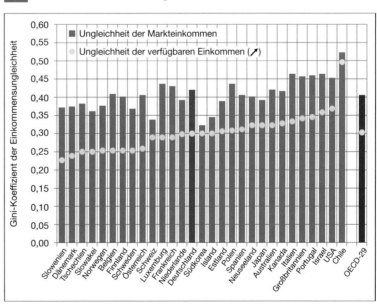

ARBEITSAUFTRÄGE

1. Beschreiben und analysieren Sie die Diagramme M4 und M5!

2. Diskutieren Sie, ob bzw. inwieweit der Staat stärker in die Einkommens- und Vermögensverteilung in Deutschland eingreifen sollte!

2.1.2 Ringen um Stabilität in der europäischen Schuldenkrise

M1 Die EU im Bann der Staatsschulden

Die Staaten der Europäischen Union wehrten sich 2008/09 mit aller Macht gegen die Finanz- und Wirtschaftskrise, die von den USA ausgehend die ganze Welt erfasste. Große Banken waren in Schieflage geraten und mussten mit Staats-
5 geldern gestützt werden, um einen Zusammenbruch des Finanzsystems zu verhindern. Milliardenschwere staatliche Notprogramme wurden aufgeboten, um den abrupten Niedergang der Wirtschaftstätigkeit zu stoppen. Da gleichzeitig die Staatseinnahmen sanken, gerieten die öffentlichen Haus-
10 halte tief ins Defizit. [...]
Neben dem jährlichen Staatsdefizit rückte zunehmend die **staatliche Gesamtverschuldung** ins Blickfeld. Der Stabilitätspakt sieht die zulässige Obergrenze der Staatsverschuldung bei 60% des BIP. Zwischen 2008 und 2010 kletterte
15 die durchschnittliche Schuldenquote der EU-27 jedoch von 62,5% auf 80,3% des BIP. Ende 2011 steigt sie nach Schätzung der EU-Kommission weiter auf 82,5%. [...]
An Zahlen wie diesen entzündete sich die **europäische Schuldenkrise**, noch ehe die Finanz- und Wirtschaftskrise über-
20 wunden war. Auf den internationalen Finanzmärkten wuchsen Zweifel an der Fähigkeit einzelner EU-Länder, ihre Schuldenprobleme wieder in den Griff zu bekommen. Vor allem die sogenannten PIIGS-Staaten (Portugal, Italien, Irland, Griechenland und Spanien) bekamen Schwierigkeiten, sich auf dem
25 Kapitalmarkt zu finanzieren und mussten bei der Verzinsung ihrer Anleihen hohe Risikoaufschläge in Kauf nehmen. Mehr und mehr stand aber die Frage im Mittelpunkt, ob die EU bzw. die Eurogruppe in der Lage sein würden, die Schwierigkeiten in gemeinsamer Entschlossenheit zu meistern.

Bergmoser + Höller Verlag, Text zum Zahlenbild 715 546
(Stand November 2011)

M3 Europäische Schuldenkrise

Definition
Die Europäische Schuldenkrise (auch „Euro-Krise" genannt) ist eine **Staatsschuldenkrise** in mehreren Ländern des Euroraums, die ihre Staatsschulden nicht mehr aus eigener Kraft bedienen können. Die Krise trat zutage, als Griechenland 5 Ende 2009/Anfang 2010 nach einem Regierungswechsel das tatsächliche Ausmaß seines zuvor verschleierten Schuldenstandes offenbarte und daraufhin die EU und den Internationalen Währungsfonds (IWF) um Unterstützung bat, um die Zahlungsunfähigkeit abzuwenden. 10

Ursachen
Die Ursachen der übermäßigen Staatsverschuldung unterscheiden sich in den verschiedenen Ländern.

Ursachen in Griechenland, Portugal und Italien
In Griechenland waren die Staatsschulden schon zum Zeit- 15 punkt des Beitritts zum Euro so hoch, dass das Land eigentlich den Euro nicht hätte einführen dürfen. Die Statistiken waren jedoch von führenden griechischen Politikern mithilfe ausländischer Investmentbanken gefälscht und „frisiert" worden. Das Problem der Staatsverschuldung verschärfte sich 20 in allen drei Ländern, weil der überdimensionierte Beamtenapparat hohe Reallohnsteigerungen erhielt, die nicht durch entsprechende Produktivitätszuwächse gedeckt waren. Auch in der Privatwirtschaft gab es hohe Reallohnsteigerungen; dadurch wurden die Produkte dieser Länder für die Kunden in 25 anderen Ländern der Eurozone teurer, die Wettbewerbsfähigkeit sank. Die griechischen, portugiesischen und italienischen Exporte gingen zurück, die Importe (vor allem aus Deutschland) nahmen zu. Die Folge war ein Leistungsbilanzdefizit der südeuropäischen Länder. Die Möglichkeit eines Ausgleichs 30 dieses Defizits über eine Abwertung der heimischen Währung war weggefallen, da die Konkurrenz ja nun dieselbe Währung hatte wie die exportschwachen 35 Defizitländer. Infolge der Wettbewerbsschwäche der eigenen Wirtschaft und einer immer weiter um sich greifenden Praxis der Steuerhinterziehung sanken 40 die Steuereinnahmen, was die Staatsverschuldung weiter vergrößerte.

Ursachen in Irland und Spanien
Hier wurden die Staatsschul- 45 denkrisen hauptsächlich durch das Platzen von kreditfinanzierten Immobilienblasen verursacht. Dadurch stiegen die Staatsausgaben für nationale 50 Bankenrettungen und Konjunkturprogramme sehr stark an.

M2 Staatsverschuldung in der EU

Staatsverschuldung in der EU
Schuldenstand 2011
in % des Bruttoinlandsprodukts

Niederlande 64,2
Zypern 64,9
Spanien 69,6
Malta 69,6
Österreich 72,2
Ungarn* 75,9
Deutschland 81,7
Großbritannien* 84,0
Frankreich 85,4
Belgien 97,2
Portugal 101,6
Irland 108,1
Italien 120,5
Griechenland 162,8

Maastricht-Grenzwert der Gesamtverschuldung: ▼ höchstens 60 % des BIP

14 der 27 EU-Länder haben mehr Schulden, als Maastricht erlaubt

ZAHLENBILDER   Quelle: Herbstprognose 2011 der Europäischen Kommission   *Länder ohne Euro-Währung
715 546

© Bergmoser + Höller Verlag AG

Ursachen in anderen europäischen Staaten

Die Staatsverschuldung nahm in fast allen Ländern Europas
55 seit 2008 erheblich zu. In Deutschland etwa gab es zwar
keine Immobilienblase wie in Irland, Spanien und den USA,
aber durch internationale Verflechtungen waren auch deutsche Banken von der Finanzkrise betroffen, die ab 2007 durch
das Platzen der Immobilienblase in den USA (Subprime-Krise)
60 ausgelöst worden war. Die staatlichen Bankenrettungs- und
Konjunkturförderungsprogramme rissen dann auch große
Löcher in den deutschen Staatshaushalt.

Versagen des Vertrags von Maastricht
(Europäischer Stabilitäts- und Wachstumspakt)

65 Mit der Einführung des Euros verpflichteten sich die Eurostaaten, bestimmte Verschuldungsgrenzen nicht zu überschreiten. Als einzelne Staaten (darunter Griechenland und
Italien, aber auch Deutschland) diese Grenzen überschritten,
blieben die Sanktionen aus, wohl da ein einheitlicher politischer Wille fehlte, Sanktionen zu beschließen, von denen
70 man später möglicherweise selbst betroffen sein würde.
Auch das im Vertrag von Maastricht festgelegte Verbot der
Haftungsübernahme für Schulden anderer Mitgliedsländer
(„No-Bailout") sehen Kritiker durch die „Euro-Rettungs-
75 schirme" untergraben. Umstritten ist, ob diese Haftungsausschlussklausel jemals glaubwürdig war, denn die Insolvenz
eines zumindest mittelgroßen Landes („too big to fail") hätte
so gravierende nachteilige Folgen für alle mit ihm eng verflochtenen Staaten, dass die Großbanken und andere Käufer
80 von Staatsanleihen davon ausgehen könnten, dass sie auch
im Falle einer Staatsinsolvenz ihr Geld auf jeden Fall wiederbekommen, da die Steuerzahler anderer Staaten dann einspringen würden. Dieses Wissen kann zu einem ausgeprägten
„Moral-Hazard-Verhalten" führen („Gewinne privatisieren,
85 Verluste sozialisieren", d.h.: Die Zinsgewinne kommen allein
den Banken bzw. Anlegern zugute, das Haftungsrisiko bei
einer Insolvenz tragen dagegen allein oder überwiegend die
Steuerzahler).
Die Europäische Zentralbank (EZB) kaufte zeitweise Staats-
90 anleihen von europäischen Krisenländern zu Konditionen
auf, wie sie am freien Markt nicht mehr zu erzielen waren
und erleichterte damit die Kreditaufnahme der Krisenstaaten
(„Quantitative Easing").

Folgen

95 Die Ratingagenturen Standard & Poor's, Fitch und Moody's
bewerten die Bonität von Unternehmen und Staaten, die
Schuldpapiere (Anleihen) ausgeben. Infolge der übermäßigen
Verschuldung senkten sie die Bonitätsbewertungen von Griechenland und Portugal herab. Dies führt u. a. dazu, dass diese
100 Länder potenziellen Anlegern als „Risikoaufschlag" höhere
Zinsen anbieten müssen, was wiederum die Schuldenbelastung erhöht.
Die Staaten reagierten mit Ausgabenkürzungen, was Proteste
von Staatsbediensteten, Schülern, Studenten, Arbeitslosen
105 und weiteren Gruppen, die fürchteten, Leidtragende der
staatlichen Sparprogramme zu sein, hervorriefen.

Maßnahmen

Als vorläufige Maßnahme wurde 2010 der „Euro-Rettungsschirm" EFSF (Europäischer Finanz-Stabilisierungsfonds) gegründet, um Notkredite an diejenigen Staaten der Eurozone 110
zu vergeben, die sich aufgrund ihrer bestehenden hohen Verschuldung nur noch zu sehr hohen Zinsen am Kapitalmarkt
versorgen können. Ab 2013 soll ein Europäischer Stabilisierungsmechanismus (ESM) dauerhaft in Krisensituationen
eingreifen können. 115
Als Alternative wird die Einführung gemeinsamer europäischer Staatsanleihen diskutiert („Euro-Bonds"). Den meisten
südeuropäischen Ländern würden diese zu einem günstigeren Schuldendienst verhelfen; Länder, die aufgrund ihrer sehr
guten Bonitätsbewertung bisher besonders niedrige Zinsen 120
für ihre Staatsanleihen bieten mussten (darunter Deutschland), würden dagegen höhere Kosten schultern müssen.
Als vorbeugende Maßnahme verabschiedete das Europaparlament am 28. September 2011 strengere Vorgaben zur
Haushaltsdiziplin in den EU-Staaten. Verstößt ein Land gegen 125
die mittelfristigen Budgetziele, so kann es von einer qualifizierten Mehrheit der Euroländer aufgefordert werden, seinen
Haushaltsplan binnen fünf Monaten (bei schwerwiegenden
Fällen binnen drei Monaten) zu ändern. Kommt es zu keiner Nachbesserung, so hat die Europäische Kommission in 130
letzter Instanz die Möglichkeit, Sanktionen von 0,2 Prozent
des Bruttoinlandsprodukts des Defizitsünders zu verhängen,
sofern sich nicht eine Mehrheit der Eurozone dagegen ausspricht. Nach den neuen Regeln können zudem Sanktionen
bereits beschlossen werden, wenn sich ein Haushaltsdefizit 135
der Obergrenze von drei Prozent des Bruttoinlandsprodukts
nähert. Zudem soll es eine schärfere Kontrolle der Staatsverschuldung geben. So werden Länder mit einer Schuldenquote von über 60 Prozent aufgefordert, drei Jahre hindurch
die über der Grenze liegende Verschuldung jährlich um ein 140
Zwanzigstel zu reduzieren. Die einbehaltenen Bußgelder sollen in den Europäischen Rettungsfonds EFSF fließen.

Stefan Prochnow, eigener Text

 te22cr

ARBEITSAUFTRÄGE

1. Beschreiben Sie die wirtschaftspolitische Situation in einem europäischen Land im Kontext der europäischen Schuldenkrise! Erläutern Sie, wie das Land auf die Krise reagiert!

2. Legen Sie dar, vor welchen Herausforderungen die Politiker in den Krisenländern der Eurozone stehen!

3. Erklären Sie die Zusammenhänge zwischen Weltfinanzkrise, Weltwirtschaftskrise und europäischer Staatsschuldenkrise!

2.2 Regulierung und Deregulierung des Arbeitsmarktes

2.2.1 Mindestlohn – Wesen und Funktion

Ein Mindestlohn ist ein in der Höhe durch eine gesetzliche Regelung oder durch einen allgemeinverbindlichen Tarifvertrag festgeschriebenes Arbeitsentgelt, der eine **gesetzlich fixierte Untergrenze für Einkommen** aus Erwerbstätigkeit festlegt. Im Gegensatz zur sozialen Sicherung, die ein Mindesteinkommen garantiert, sichert der Mindestlohn ein Grundeinkommen aus Arbeit, das eine angemessene Lebensführung ermöglichen soll. Der Mindestlohn basiert auf der Annahme, dass Chancen zur gleichberechtigten Daseinsgestaltung und zur Partizipation am gesellschaftlichen Leben nur gegeben sind, wenn die Individuen über eine materielle Mindestausstattung verfügen. Mindestlöhne gelten für alle Arbeitsverhältnisse – wobei regionale und branchenspezifische Abweichungen nach oben möglich sind.

Dabei wird von den meisten Verfechtern von Mindestlöhnen gefordert, dass diese mit **deutlichem Abstand über dem Sozialhilfeniveau** (bzw. dem Arbeitslosengeld II) liegen, weil sonst die Anreize, ein Arbeitsverhältnis zu einem Mindestlohn aufzunehmen, sehr gering sind. Durch Mindestlöhne sollen außerdem „sittenwidrige" (das heißt: deutlich zu geringe) Arbeitslöhne verhindert werden.

Gesetzliche Mindestlöhne haben entweder die Aufgabe, den Lohn zum Soziallohn umzugestalten, d.h., den Arbeitnehmer durch eine entsprechende Höhe des Mindestlohns weitgehend von Sozialleistungen des Staates unabhängig zu machen (so z.B. in Frankreich), oder in Ländern, in denen es nur schwach ausgeprägte soziale Sicherungssysteme gibt, als Ersatz für Transfergelder zu dienen (z.B. in den USA).

Durch Mindestlöhne können Einkommensunterschiede zwischen Bevölkerungsgruppen – z.B. Männern und Frauen, Älteren und Jüngeren – zumindest teilweise abgebaut werden. Sozialleistungen werden aber nicht überflüssig, da mit einem Mindestlohn eine vielköpfige Familie ohne jegliche staatliche Transfergelder nicht zu ernähren sein dürfte.

M1 Franz Müntefering über Mindestlöhne

Das Wort Mindestlohn ist für viele ein Reizwort. Aber die Idee, dass es einen Sockel geben muss, der nicht unterschritten sein sollte, teilen fast alle. Es ist doch nicht die Aufgabe des Staates, gezielte Lohnreduktionen von Betrieben durch
5 Sozialtransfers auszugleichen.

Franz Müntefering (zum Zeitpunkt des Interviews Bundesminister für Arbeit und Soziales), in: Frankfurter Allgemeine Zeitung vom 5. Februar 2007, S. 13

M2 Auswirkungen eines Mindestlohns im klassisch-liberalen Wirtschaftsmodell

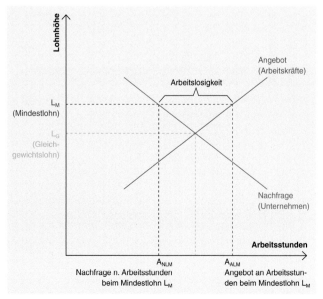

nach: Frankfurter Allgemeine Sonntagszeitung vom 6. November 2011, S. 42

M3 Mögliche Probleme von Mindestlöhnen

- Mindestlöhne können, wenn sie höher als die Produktivität des betreffenden Arbeitnehmers angesetzt werden, zu Entlassungen und vermehrter Arbeitslosigkeit führen.
- Für Frankreich ermitteln verschiedene Studien übereinstimmend Arbeitsplatzverluste aufgrund des hohen Mindestlohns und seiner Steigerungen vor allem für Frauen und gering qualifizierte jugendliche Arbeitnehmer. [5]
- Regionale Unterschiede der Volkswirtschaft erschweren die Durchsetzung einheitlicher, gesetzlich festgelegter Mindestlöhne, wenn diese sich nicht nach dem Lohnniveau der Region richten, wo die niedrigsten Arbeitsentgelte bezahlt werden. [10]
- Da Mindestlöhne ohne Berücksichtigung der sozialen und gesellschaftlichen Situation der einzelnen Arbeitnehmer festgelegt werden, bleiben große Gruppen – z. B. Alleinstehende mit Kindern, Alleinverdienende mit Familie, ältere und behinderte Arbeitnehmer – auch nach der Festlegung [15] von Mindestlöhnen von Transferleistungen abhängig.
- Mindestlöhne können dazu führen, dass vor allem einfache Tätigkeiten in geringer bezahlter (bzw. von Abgaben freier) Schwarzarbeit erbracht werden. [20]
- Wenn Mindestlöhne von den Tarifpartnern ausgehandelt werden, besteht die Gefahr, dass die Löhne in jenen Bereichen und Regionen hoch sind, in denen die Gewerkschaften gut organisiert und kampagnenfähig sind. Niedrige Mindestlöhne werden dort vereinbart, wo keine oder nur [25] gering ausgebildete Tarifstrukturen existieren.
- Werden Mindestlöhne aber durch den Gesetzgeber verordnet, besteht die Gefahr, dass die Funktionen der Tarifparteien – insbesondere der Gewerkschaften – erheblich eingeschränkt, letztere ganz überflüssig werden. [30]

Gerhard Bosch: Mindestlöhne und Beschäftigung, in: Claus Schäfer und Hartmut Seifert (Hrsg.): Kein bisschen leise: 60 Jahre WSI. Hamburg 2006, S. 283 ff.

M4 Beschäftigungseffekte von Mindestlöhnen

- Theoretisch ist kein strikter Zusammenhang zwischen Mindestlöhnen und Beschäftigung zu begründen. Die Einführung von Mindestlöhnen kann je nach Marktkonstellation und Reaktionen der Akteure positive oder negative Auswirkungen haben.
- Offensichtlich gibt es Spielräume bei der Höhe der Mindestlöhne, sodass negative Beschäftigungseffekte erst bei Überschreitung eines bestimmten Niveaus erfolgen, während unterhalb dieses Niveaus Mindestlöhne beschäftigungspolitisch neutral sind oder sogar positive Effekte aufweisen.
- Die Beschäftigungseffekte hängen von den Reaktionen der Akteure ab. In einem hochinnovativen Umfeld, in dem ein Mindestlohn die Unternehmen, die Beschäftigten und auch den Staat zu Innovationen veranlasst, sind die Wirkungen positiver als in einer nicht innovativen Umgebung.
- Um zeitlichen Spielraum für Innovationen zu schaffen, muss die Einführung/Erhöhung eines Mindestlohns frühzeitig angekündigt werden.
- Bei einem großen Arbeitskräfteangebot kann ein Mindestlohn zu einer Substitution geringer Qualifizierter durch höher Qualifizierte führen. Dieser Effekt kann jedoch durch höhere Qualifizierungsanstrengungen für die geringer Qualifizierten neutralisiert werden.
- Aus theoretischen Modellen [lassen sich] keine eindeutigen Aussagen über die realen Wirkungen von Mindestlöhnen auf Beschäftigung ableiten. [...] [Auch sind] die Ergebnisse der zahlreichen empirischen Studien höchst widersprüchlich.

Gerhard Bosch, s. M3, S. 289 f.

M5 Mindestlöhne in Frankreich

Für ganz Frankreich ist seit 1970 gesetzlich ein einziger Mindestlohn garantiert, der allen Beschäftigten über 18 Jahren zusteht. Aushilfskräfte, Auszubildende und Behinderte können davon ausgenommen werden. Der Anspruch auf Mindestlohn setzt keine Mindestarbeitszeit voraus. Da das Gesetz einen Stundenlohn festlegt, ist er auf alle Beschäftigungsformen anwendbar. Die Regelung bindet auch die Tarifvertragsparteien. Frankreichs SMIC wird jedes Jahr zum 1. Juli „automatisch" um einen Prozentsatz erhöht, der die jährliche Teuerung sowie einen Teil der allgemeinen Lohnentwicklung berücksichtigt.

Auskunft der Französischen Botschaft, Berlin, 28. Juli 2007

M6 Mindestlöhne in den USA

Der „Fair Labour Standard Act" (1938) normiert einen gesetzlichen, nationalen Mindestlohn, der in allen Staaten der USA verbindlich gilt. In den USA gibt es kein automatisches Anpassungsverfahren, sondern die jeweilige Anhebung ist nur durch eine vom Kongress beschlossene Gesetzesänderung möglich. Solche Anhebungen erfolgen unregelmäßig. Im Juli 2007 erhöhte der damals demokratisch dominierte Kongress den Mindestlohn auf 5,85 $ (ca. 4,50 €), nachdem zuvor die republikanische Kongressmehrheit zehn Jahre lang keine Veränderung vorgenommen hatte. Mehr als die Hälfte der US-Bundesstaaten hat eigene Mindestlöhne festgelegt, die zum Teil deutlich höher sind als der bundesweite. Im Bundesstaat Washington beispielsweise gilt derzeit ein Mindestlohn von 7,93 $ pro Stunde.

Eine Ursache für die im Vergleich mit Europa relativ geringen US-Mindestlöhne sind die relativ schwachen Gewerkschaften in den USA und die Tatsache, dass die Mehrzahl der Arbeitsverträge auf individuellen Vereinbarungen beruht.

Die zeitlich wie materiell knapp bemessenen Lohnersatzleistungen sollen Arbeitslose dazu zwingen, möglichst schnell eine neue, wenn auch schlechter bezahlte, Arbeitsstelle anzunehmen.

Der staatliche Mindestlohn reicht nicht dazu aus, eine vierköpfige Familie über die relative Armutsgrenze zu heben. Daher müssen viele Amerikaner zu den „erwerbstätigen Armen" (working poor) gerechnet werden.

Gabriele Peter: Gesetzlicher Mindestlohn. Baden-Baden 1995, S. 158 f., aktualisiert durch Stefan Prochnow

M7 Gesetzliche Mindestlöhne in Europa und den USA

Land	Mindestlohn 2012 in € pro Stunde	Höhe des Mindestlohns in % des durchschnittlichen Verdienstes (2009)
Luxemburg	10,41	keine Angabe
Frankreich	9,22	48,0
Niederlande	8,88	41,5
Irland	8,65	43,3
Großbritannien	7,01	38,1
USA	5,21	27,0
Slowenien	4,41	41,3
Spanien	3,89	34,9
Portugal	2,92	37,2
Polen	2,10	36,6
Tschechien	1,96	30,0
Ungarn	1,92	34,8
Slowakei	1,88	35,5
Bulgarien	0,80	keine Angabe

Quelle: Wirtschafts- und Sozialwissenschaftliches Institut (WSI) in der Hans-Böckler-Stiftung

ARBEITSAUFTRÄGE

1. *Erarbeiten Sie Merkmale und Funktionen von Mindestlöhnen!*

2. *Zeigen Sie, ausgehend von den Materialien, mögliche Vor- und Nachteile von Mindestlöhnen auf!*

3. *Stellen Sie wesentliche Aspekte des Zusammenhangs zwischen Mindestlöhnen und Beschäftigung heraus!*

4. *Zeigen Sie unterschiedliche Ausprägungen von Mindestlöhnen im internationalen Vergleich auf und versuchen Sie, die Unterschiede zu begründen!*

2.2.2 Mindestlohn – politische Debatte

Nach Umfragen aus dem Jahr 2011 befürworten über 70 Prozent der Deutschen einen allgemeinen gesetzlichen Mindestlohn für alle Branchen. Viele Sozialwissenschaftler und Politiker bestimmter politischer Parteien geben dagegen tariflichen Vereinbarungen über regionale und branchenspezifische Lohnuntergrenzen den Vorrang gegenüber einer gesetzlichen Regelung. In der deutschen Arbeitsrechtstradition liegt die Verantwortung für die Regelung von Arbeitsbedingungen und insbesondere der Lohngestaltung bei den **Tarifpartnern**. Dies entspricht auch dem Subsidiaritätsprinzip, nach dem die höhere Ebene – also in diesem Fall der Staat – nur dann eingreifen soll, wenn die gesellschaftlichen Institutionen ihre Aufgaben nicht mehr angemessen erfüllen.

Wer arbeitet und weniger verdient, als ihm die Arbeitslosenversicherung zugestehen würde, erhält **Transfers aus der Staatskasse**, um ihm so ein hinreichendes Einkommen zu sichern. Inzwischen mehren sich Anzeichen, dass ein beträchtlicher Teil der in Vollzeitarbeit Beschäftigten sich mit Löhnen begnügen muss, die unter der Armutsgrenze und unter dem Niveau der Sozialhilfe bzw. des Hartz-IV-Satzes liegen. Laut Schätzungen arbeiten in Deutschland dreieinhalb Millionen Menschen für Stundenlöhne zwischen vier und sechs Euro – oder weniger. Eine halbe Million von ihnen ist trotz Vollzeitarbeit auf staatliche Transferleistungen (z. B. Hartz-IV-„Aufstocker") angewiesen. Zur aktuellen Diskussion über die Einführung flächendeckender Mindestlöhne trägt auch die Tatsache bei, dass in Deutschland die Einkommensschere zwischen Arm und Reich in den vergangenen Jahren im internationalen Vergleich immer weiter aufgegangen ist (vgl. Kapitel 2.1.1).

Tarifverträge wirken zwar normativ wie eine gesetzliche Regelung. Da sich aber die Tariflöhne je nach Branche und Tarifregion erheblich voneinander unterscheiden und nicht für alle Arbeitsverhältnisse Tarifverträge abgeschlossen werden – nur für 68 Prozent der Beschäftigten in Westdeutschland und lediglich für 53 Prozent in den neuen Bundesländern gibt es überhaupt einen Tarifvertrag –, können Tarifverträge nicht die gleiche Wirkung ausüben wie eine allgemein verbindliche Norm. In Westdeutschland verdient jeder zehnte Beschäftigte weniger als 7,50 € pro Stunde, in Ostdeutschland jeder vierte. Für ostdeutsche Friseurinnen und Friseure gilt im aktuellen Tarifvertrag ein Stundenlohn von 3,20 €.

M1 Gültige Tariflöhne in Deutschland

Stundenlöhne in Euro (Stand Oktober 2011)		
Gewerbe	West	Ost
Baugewerbe		
ungelernter Arbeiter	11,00	9,75
gelernter Geselle	13,00	10,80
Maler- und Lackierhandwerk		
ungelernter Arbeiter	9,75	9,75
gelernter Geselle	11,75	11,75
Gebäudereiniger	8,55	7,00
Elektrohandwerk	9,70	8,40
Pflegebranche	8,50	7,50
Wäschereien	7,80	6,75
Wach- und Sicherheitsgewerbe	7,50	6,53
zum Vergleich: **regionale Tariflöhne der jeweils untersten Tarifgruppen:**		
Arbeiter im Gartenbau	6,90–7,74	3,33–5,25
Friseur (angestellt)	4,65–7,99	3,05–4,51
Zeitarbeiter	7,00–7,20	7,00–7,20

Frankfurter Rundschau vom 27. Oktober 2011, S. 12

M2 Positionen verschiedener Verbände zum Thema „Mindestlohn"

Ludwig Georg Braun (Präsident des **Deutschen Industrie- und Handelskammertages**): „Mindestlöhne würden Einfacharbeiten verteuern und die Chancen der Geringqualifizierten weiter verschlechtern. [...] Den Arbeitnehmern ist nicht ge-
5 dient, wenn ihre Löhne angehoben werden und sie dadurch ihren Job verlieren. [...] Ein Mindestlohn würde [...] bedeuten, gerade Jugendlichen den Zugang zum Arbeitsmarkt zu erschweren. [...]"

Frankfurter Rundschau vom 18. Juni 2007, S. 2

Margret Möring-Raane (stellvertretende Vorsitzende der **Gewerkschaft ver.di**): „Eine Untergrenze bei der Lohnentwick- 10 lung ist noch nicht absehbar. [...] Es kann nicht sein, dass Menschen trotz Arbeit um staatliche Hilfe bitten müssen. [...] Wenn die Menschen mehr Geld haben, geben sie auch mehr aus – das führt zu neuen Arbeitsplätzen."

Berliner Zeitung vom 18. Juni 2007, S. 10

M3 Positionen der politischen Parteien zum Thema „Mindestlohn"

CDU/CSU: Um jedes Missverständnis auszuräumen: Die Union akzeptiert kein Lohndumping, das zu menschenunwürdigen Bedingungen in Deutschland führt. CDU und CSU akzeptieren keinen sittenwidrigen Lohn. [...] Wir sind bereit, sittenwidrige Löhne gesetzlich zu verbieten. Mit uns ist al- 5 les machbar, was in Deutschland Arbeit für alle schafft. Aber der Jobkiller des einheitlichen gesetzlichen Mindestlohns für ganz Deutschland ist mit uns nicht zu machen, und er wird mit uns nie zu machen sein. [...] Wer arbeitet, muss mehr haben als der, der nicht arbeitet. Deshalb sind wir für einen 10 Kombilohn. [...]

Der einheitliche gesetzliche Mindestlohn ist süßes Gift. Opfer wären vor allem ostdeutsche Beschäftigte, Berufseinsteiger und Halbtagskräfte. Insgesamt würden Hunderttausende

15 Arbeitsplätze auf dem Spiel stehen, wenn aus Berlin per Gesetz ein Stundenlohn von 7,50 Euro verordnet würde.

Ronald Pofalla, Generalsekretär der CDU am 28. April 2007 im Deutschen Bundestag, in: Das Parlament vom 26. April 2007, S. 11 f.

SPD: Mindestlohn jetzt! [...] Niedriglöhne sind kein Einstieg in eine bessere Zukunft, sondern bedeuten meist Verharren in Armut. Menschen, die einer Vollzeiterwerbstätigkeit nach-
20 gehen, müssen von ihrer Arbeit auch menschenwürdig leben können. Unsere europäischen Nachbarn haben [damit] gute Erfahrungen gemacht. [...]
Wir wollen tarifvertragliche Lösungen. Deswegen fordern wir die Ausweitung des Arbeitnehmer-Entsendegesetzes auf alle
25 Wirtschaftsbereiche. Damit ermöglichen wir branchenbezogene Mindestlöhne, etwa im Bewachungsgewerbe, im Hotel- und Gaststättengewerbe oder bei der Leiharbeit. In Branchen, in denen tarifliche Lösungen nicht greifen oder Tariflöhne ein Mindestniveau unterschreiten, brauchen wir einen gesetzli-
30 chen Mindestlohn.

Bundesvorstand der SPD: Gerechter Lohn für gute Arbeit. Berlin, 22. März 2007

FDP: Das Arbeitslosengeld II wirkt faktisch wie ein Mindestlohn. Eine Arbeitsaufnahme ohne erhebliche zusätzliche Mehreinnahmen wäre privat unökonomisch. Und mit der Höhe der Transferleistung, zum Beispiel bei einer großen
35 Familie, sinkt das Interesse an einer Arbeitsaufnahme. [...]
Wir müssen über Mindesteinkommen und nicht über Mindestlöhne diskutieren. Damit meine ich [...] ein bedarfsorientiertes Bürgergeld, ein Steuer- und Transfersystem aus einem Guss. Jeder, der arbeiten kann, soll auch zu seinem Lebensun-
40 terhalt selbst beitragen. [...]

Dirk Niebel, damaliger Generalsekretär der FDP, am 28. März 2007 in einem Interview

Lohnverhandlungen sind Sache der Tarifpartner, also der Arbeitgeber und Arbeitnehmer. [...] Wenn der Gesetzgeber sich in die Vereinbarungen durch gesetzliche Regelungen einmischen darf, ist die Tarifautonomie gefährdet. [...] Wenn die
45 Einkünfte für den Lebensunterhalt nicht ausreichen, muss es eine staatliche Unterstützung geben.

Mitteilung des FDP-Bundesvorstands vom 15. Juni 2007

BÜNDNIS 90/DIE GRÜNEN: Fahrplan für den Mindestlohn [...]: Wir sind der Auffassung, dass Deutschland schnell zu verbindlichen Regelungen für Mindestarbeitsbedingungen
50 kommen muss, die die Lohnspirale nach unten stoppen. Tarifverträge und die Regelungskraft der Sozialpartner bieten keinen hinreichenden Schutz gegen Fehlentwicklungen mehr. [...] Nur umfassende Regelungen für Mindestarbeitsbedingungen, [...] welche sowohl tariflich organisierte wie tariflich
55 nicht organisierte Wirtschaftsbereiche erfassen und die Tarifautonomie wieder stärken, können weiteres Lohndumping verhindern und alle Arbeitnehmerinnen und Arbeitnehmer zuverlässig vor Armutslöhnen schützen. [...]

Pressemitteilung des Bundesvorstands der Partei BÜNDNIS 90/DIE GRÜNEN vom 22. Dezember 2011

DIE LINKE (Antrag für ein Gesetz zu flächendeckenden Mindestlöhnen):
60
• Zur Eindämmung von Niedriglohnbeschäftigung tragen Mindeststandards für die Entlohnung bei.
• Mindestlohnregelungen, die auf einer tariflichen Lohnfindung basieren, können diesen Anspruch unter den Bedingungen der fortschreitenden Erosion der tariflichen Lohn- 65 findung nicht erfüllen.
• Die Einführung eines gesetzlichen Mindestlohns ist zudem eine notwendige Maßnahme zur Verringerung der Entgeltungsungleichheit zwischen Frauen und Männern, die in Deutschland im europaweiten Vergleich besonders hoch 70 ist. Das Gesetz bestimmt als Einstieg in den gesetzlichen Mindestlohn einen Lohn von 8 Euro brutto pro Stunde. Nach Einführung des gesetzlichen Mindestlohns ist dieser mindestens jährlich anzupassen.

Deutscher Bundestag, 16. Wahlperiode, Drucksache 16/1878 vom 20. August 2006

M 4 Auswirkungen eines Mindestlohnes in Abhängigkeit von der Nachfrageelastizität

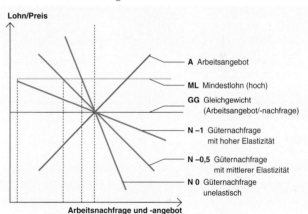

nach: Frankfurter Allgemeine Sonntagszeitung vom 6. November 2011, S. 42

ARBEITSAUFTRÄGE

1. *Erarbeiten Sie den aktuellen Diskussionsstand zum Mindestlohn in Deutschland!*

2. *Stellen Sie Thesen zur Einführung von Mindestlöhnen in Deutschland zusammen!*

3. *Erörtern Sie, ob bzw. inwieweit Mindestlöhne ein Wahlkampfthema darstellen!*

4. *Vergleichen Sie die Auffassungen der politischen Parteien zur Einführung von Mindestlöhnen!*

5. *Bilden Sie fünf Gruppen im Kurs, wobei jede eine der in M3 genannten Parteien in einer Mindestlohn-Debatte vertritt!*

6. *Diskutieren Sie, wie ein Friseurbetrieb auf eine tarifliche Erhöhung des Stundenlohns um 20% reagieren könnte!*

7. *Ermitteln Sie, wie hoch die Nachfrageelastizität (M4) nach Friseurdienstleistungen in Ihrem Kurs ist! Erläutern Sie, was das verallgemeinerte Ergebnis in Bezug auf die Mindestlohndebatte bedeutet!*

2.2.3 Auswirkungen auf Unternehmen und Arbeitnehmer

Die Auswirkungen von Regulierungs- und Deregulierungsmaßnahmen auf dem Arbeitsmarkt werden in der Öffentlichkeit heftig diskutiert. Dabei wird bei den unterschiedlichen Standpunkten insbesondere von Unternehmerseite einerseits und Arbeitnehmerseite andererseits oftmals ein unterschiedliches Verständnis von der Rolle des Staates im Wirtschaftsgeschehen deutlich. Auch wird eine unterschiedliche Prioritätensetzung hinsichtlich der gesellschaftlichen Ziele erkennbar, wenn etwa mehr der Aspekt der **Freiheit,** der Aspekt der **Gerechtigkeit** oder der der **Sicherheit** in den Mittelpunkt gerückt wird. Dabei vermischen sich **sachrationale** Argumente (Inwieweit ist die Maßnahme geeignet und effizient, einen bestimmten gewünschten Effekt zu erzielen?) mit **wertrationalen** Erwägungen (Inwieweit sind die Ziele wirklich wünschenswert?).

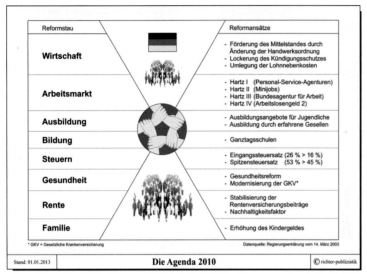

Abb. 30.1: Die Agenda 2010, Stand 1. Januar 2012

M1 Deregulierung: Reformprojekt Agenda 2010

Waren die Agenda 2010 und die Hartz-Reformen ein Erfolg? Welche Auswirkungen brachten die ab den Jahren 2004/05 umgesetzten Reformen für Unternehmer und Arbeitskräfte in Deutschland? In mehreren Interviews diskutierten die SPD-Politiker Karl Lauterbach und Ottmar Schreiner über die Auswirkungen der Reformgesetze.

Lassen Sie uns mit einer Assoziationskette beginnen: Was verbinden Sie mit der Agenda 2010?
Schreiner: Eine Verschärfung der gesellschaftlichen Spaltung: mehr Lohnarmut, mehr Kinderarmut, mehr Altersar-
5 mut, mehr prekäre und atypische Beschäftigung.
Lauterbach: Mehr Arbeitsplätze, weniger Erwerbslose, mehr Arbeitsanreiz, mehr Flexibilität auf dem Arbeitsmarkt, größere Wettbewerbsfähigkeit der Exportnation Deutschland,

bessere Bedingungen für Unternehmer und Selbstständige, bessere Bildungschancen für Kinder. 10
Wie bitte?
Lauterbach: Wir steckten Anfang des 21. Jahrhunderts in einer historischen Krise. Wir hatten die höchste Arbeitslosigkeit seit Jahrzehnten. Jetzt haben wir die niedrigste seit 1993. 15
Schreiner: Da muss ich grundsätzlich widersprechen. Der jetzige Aufschwung am Arbeitsmarkt ist ein ganz normaler Aufschwung im Konjunkturzyklus.
Lauterbach: Eine Million Arbeitsplätze würden heute fehlen, wenn wir die Reformen nicht gemacht hätten. 20 Wir brauchen heute weniger Wirtschaftswachstum, um neue Arbeitsplätze zu bekommen. Wir haben über Jahrzehnte nach jedem Abschwung mehr Arbeitslose gehabt als zuvor; auch in Phasen des Aufschwungs sank die Arbeitslosigkeit nicht unter das Vorkrisenniveau. 25
Schreiner: Die Sockelarbeitslosigkeit ist nicht gesunken. Der starke Export vor allem nach Asien hat das Wachstum getrieben und für Arbeitsplätze gesorgt. Neu ist etwas anderes: Die Arbeitnehmereinkommen steigen selbst im Aufschwung kaum noch an. Seit Jahren leiden die Arbeitnehmer 30 an Reallohnverlusten. In kaum einem europäischen Land gibt es eine so miserable Lohnentwicklung wie bei uns. Der Niedriglohnsektor, Zeitarbeit, Minijobs, befristete und Teilzeitverträge boomen, sonst nichts. Außer die Einkommen der Superreichen.
Lauterbach: Tatsächlich ist der Niedriglohnsektor gewach- 35 sen. Aber nur dadurch haben die Menschen wieder Beschäftigung bekommen. Diese Menschen wären sonst arbeitslos. Es ist schlimm, arm zu sein. Aber ungleich schlimmer ist es, arm zu sein und keine Arbeit zu haben. Diese Menschen haben die Lebensqualität eines Krebskranken. Es ist immer besser, zu 40 niedrigen Löhnen zu arbeiten als nicht zu arbeiten.

Zusammenstellung aus Interviews mit Ottmar Schreiner und Karl Lauterbach, 2008–2013

M2 Arbeitsmarktentwicklung 2000–2012 (Angaben in Tausend)

Jahr	Bevölkerung	Erwerbslose (ILO-Definition)	Selbstständige	Arbeitnehmer	Arbeitnehmer				
					Normalarbeitsverhältnisse	befristet Beschäftigte	Teilzeitbeschäftigte	geringfügig Beschäftigte	Zeitarbeit
2000	82188	3137	3995	35262	23766	2130	3944	1749	–
2001	82340	3193	4020	35323	23740	2085	4127	1815	–
2002	82482	3523	4054	35071	23535	1931	4221	1852	–
2003	82520	3918	4118	34675	22828	1969	4421	1949	–
2004	82501	4160	4257	34658	22351	1953	4391	1979	–
2005	82464	4571	4417	34453	22084	2394	4679	2425	–
2006	82366	4245	4456	34660	22119	2619	4865	2667	562
2007	82263	3601	4498	35293	22493	2659	4949	2772	614
2008	82120	3136	4480	35817	22929	2731	4903	2578	612
2009	81875	3228	4470	35853	22990	2640	4901	2574	560
2010	81757	2946	4493	36073	23069	2761	4929	2517	742
2011	81779	2502	4539	36577	23674	2805	5025	2673	775
2012	81916	2318	4546	37013	–	–	–	–	–

– = keine Angaben. Die Gruppen sind nicht überschneidungsfrei. Zusammenstellung des Autors nach Angaben des Statistischen Bundesamts

M3 Auto 5000 – eine Erfolgsstory?

Die „Auto 5000 GmbH" war eine Tochtergesellschaft der Volkswagen AG, die die VW-Modelle Touran und Tiguan im Werk Wolfsburg produzierte. Sie wurde im Rahmen eines Projekts zur Deregulierung und Flexibilisierung des Arbeitsmark-
5 tes im August 2001 gegründet. Das Projekt basierte auf dem Tarifmodell „5000 mal 5000", das heißt, es sollten – anstatt die Produktion ins Ausland zu verlagern – 5000 Arbeitslose als neue Mitarbeiter eingestellt werden, die jeweils 5000 DM (circa 2550 Euro) Bruttogehalt im Monat erhalten. Dadurch
10 sollte die Produktion der neuen Modelle in Deutschland rentabel und der deutsche Standort wettbewerbsfähig bleiben. DER SPIEGEL schrieb seinerzeit: „Endlich geht ein Ruck durch die deutsche Tarifpolitik, die weltweit als Symbol teutonischer Regelungswut und Prinzipienreiterei gilt." Unterneh-
15 mensberater Roland Berger sagte, dass die Einigung bei VW ein Signal dafür sei, dass man „mit mehr Flexibilität bei Einkommen und Arbeitskräften neue Jobs schaffen könne".
Zunächst wurden Arbeitslose oder von Arbeitslosigkeit bedrohte Personen eingeladen (darunter auch ältere Erwerbs-
20 fähige über 50 Jahre) und einem Auswahlverfahren unterworfen. Diejenigen, die das Auswahlverfahren bestanden, nahmen an einer dreimonatigen Qualifizierungsmaßnahme teil, die von der Bundesagentur für Arbeit bezahlt wurde. Sie erhielten anschließend einen befristeten und danach einen
25 unbefristeten Arbeitsvertrag mit der „Auto 5000 GmbH".
Mit 5000 DM lag das Bruttogehalt anfangs deutlich unter dem Niveau der übrigen VW-Mitarbeiter am Standort Wolfsburg. Das Gehalt setzt sich aus 4500 DM Festgehalt und 500 DM Bonus zusammen. Bei Qualitätsmängeln oder Pro-
30 duktionsrückständen kann der Bonus gekürzt und unbezahlte Nacharbeit vorgeschrieben werden. Es wird also nicht mehr nur die bloße Arbeitszeit bezahlt, sondern eine bestimmte Produktionsmenge und -qualität. Mit dem in einem Werksvertrag festgelegten Programmentgelt geht der Beschäftigte
35 die Verpflichtung ein, das geforderte Produktionsprogramm in genau fixiertem Umfang und geforderter Qualität durchzuführen und solange zu arbeiten, bis diese Vorgaben erfüllt sind. Damit waren die Auto-5000-Mitarbeiter durchschnittlich deutlich länger im Werk als die VW-Stammbelegschaft.
40 Zusätzlich sind wöchentlich 3 Stunden für Qualifizierungsmaßnahmen vorgesehen, von denen die Hälfte als Arbeitszeit angerechnet wird. Überstunden werden nicht sofort bezahlt, sondern auf Arbeitszeitkonten bis zu einer Höchstgrenze von 200 Stunden gutgeschrieben und bei Produktionsflauten
45 „abgefeiert". Bis zu 30 Samstagsschichten können über diese Arbeitszeitkonten angesammelt werden.
Ab dem 1. Januar 2009 wurden nahezu alle der damals 4200 Mitarbeiter der „Auto 5000 GmbH" von der Volkswagen AG zu dem hausüblichen Tarif übernommen.

M4 „Aufstocker"

Als Aufstocker bezeichnet man Menschen, die erwerbstätig sind, gleichzeitig aber Arbeitslosengeld II („Hartz IV") beziehen, weil ihr Erwerbseinkommen unter dem Existenzminimum liegt. Die überwiegende Zahl der Aufstocker arbeitet
5 in einem Minijob, d.h., sie bessern sich mit einem Teilzeitjob ihr Arbeitslosengeld auf. In der öffentlichen Diskussion stehen aber diejenigen Erwerbstätigen im Mittelpunkt, die trotz

Vollzeittätigkeit Anspruch auf ergänzende Sozialleistungen haben, weil ihr Stundenlohn so niedrig ist, dass ein existenzsicherndes Einkommen sonst nicht erreicht wird. 10

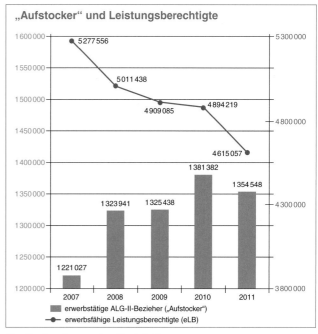

Quelle: Bundesagentur für Arbeit

M5 Regulierung: Arbeitnehmer-Entsendegesetz

Das Arbeitnehmer-Entsendegesetz (AEntG) vom 20. April 2009 regelt gesetzliche Mindeststandards (Urlaubsanspruch, Arbeits- und Gesundheitsschutz) sowie Mindestlöhne in bestimmten Branchen. Es war notwendig geworden, weil im Zuge des EU-Binnenmarktes und der Osterweiterung der EU 5 ausländische Unternehmen auf den deutschen Markt drängten, die hier ihre Mitarbeiter zu heimischen (z.B. rumänischen) Löhnen auf deutschen Baustellen arbeiten ließen und dadurch die deutschen Arbeitskräfte zu verdrängen drohten. Nach dem Gesetz müssen auch ausländische Unternehmen 10 ihren Mitarbeitern Löhne nach den deutschen Tarifverträgen zahlen, sofern sie in Deutschland arbeiten. Außer im Baugewerbe gelten solche Tarifregelungen mittlerweile unter anderem für folgende Branchen: Abfallwirtschaft einschließlich Straßenreinigung und Winterdienst, Gebäudereiniger, Elek- 15 trohandwerk, Dachdecker, Maler und Lackierer, Pflegebranche, Sicherheitsdienstleistungen, Wäschereien.

M3–M5: Stefan Prochnow, eigener Text

ARBEITSAUFTRÄGE

1. *Stellen Sie die Argumente Lauterbachs und Schreiners (M1) tabellarisch gegenüber!*

2. *Entwerfen Sie auf der Grundlage von M2 eine geeignete grafische Darstellung der Arbeitsmarktentwicklung in Deutschland!*

3. *Prüfen Sie, inwieweit sich die Aussagen Lauterbachs bzw. Schreiners mit Zahlen aus M2 belegen oder widerlegen lassen!*

4. *„Sozial ist, was Arbeitsplätze schafft!" Nehmen Sie Stellung zu dieser These! (M1 bis M5)*

2.3 Prinzipien der Sozialen Marktwirtschaft: Wettbewerbs-, Sozial- und Marktkonformitätsprinzip – Beispiel Privatisierung

Seit den 1990er-Jahren wurden mehrere große Staatsbetriebe in Deutschland privatisiert, darunter die Bundespost, aus der die Deutsche Post AG, die Deutsche Telekom AG und die Postbank wurden. Sowohl die Fürsprecher als auch die Gegner der Privatisierungen argumentieren dabei mit dem Wettbewerbs-, dem Sozial- und dem Marktkonformitätsprinzip, jedoch mit unterschiedlicher Schwerpunktsetzung. Anhand der noch nicht abgeschlossenen und umstrittenen Privatisierung der Deutschen Bahn (Stand 2013: offiziell privatisiert, der Staat ist allerdings der alleinige Aktieninhaber) sollen diese drei Prinzipien der Sozialen Marktwirtschaft veranschaulicht werden.

M1 Privatisierungen – warum?

Vor allem vonseiten liberaler Wirtschaftspolitiker wird immer wieder die Forderung nach der Privatisierung von Staatsunternehmen laut. Doch warum? Was können Privatunternehmen besser als Staatsbetriebe? Die Privatisierungsbefürwor-
5 ter führen in der Regel folgende Argumente an:
- Privatbetriebe sind **effizienter** als Staatsbetriebe, da sie mehr auf ihre Kosten achten als Staatsbetriebe. Privatbetriebe wollen Gewinn erwirtschaften und können keine dauerhaften Verluste schreiben.
10 - Da Privatbetriebe mehr auf ihre Kosten achten, können sie **günstiger** anbieten als die Staatsbetriebe. Sinkende Preise nutzen besonders **sozial** Schwächeren. Ob die Preise für die Verbraucher tatsächlich sinken, hängt freilich von einem funktionierenden Wettbewerb auf dem Markt ab.
15 - Nur im **Wettbewerb** stehende Privatunternehmen müssen zu marktgerechten Preisen anbieten. Staatsunternehmen, vor allem Staatsmonopole, setzen ihre Preise oftmals nach Belieben bzw. aufgrund bürokratischer Willkür fest; diese Preise sind entweder zu hoch oder zu niedrig und bilden
20 daher nicht die tatsächlichen Knappheitsverhältnisse ab. Da es dadurch nicht zu einem **marktkonformen** Ausgleich zwischen Angebot und Nachfrage kommt, herrscht oftmals ein Überangebot (z. B. leere Züge) oder eine Angebotslücke vor (z. B. Wohnungsmangel bei staatlicherseits sehr niedrig
25 angesetzten Mieten).
- Im Wettbewerb stehende Privatbetriebe müssen auf die **Zufriedenheit der Kunden** achten und strengen sich daher bei **Produkt- und Servicequalität** mehr an als staatliche Monopole. Davon profitieren die Kunden.
30 - In manchen Ländern stehen Staatsbetriebe in dem Ruf, „Versorgungsanstalt" für aus politischen Gründen eingestellte Mitarbeiter zu sein, entweder, um politische Günstlinge zu belohnen oder einfach, um die Arbeitslosigkeit zu kaschieren.
35 - Staatsbetriebe arbeiten oft sehr **schwerfällig** und **bürokratisch**, sodass sie neue Entwicklungen verzögern und wenig flexibel bei der **Umsetzung neuer Technologien** oder von **Kundenwünschen** sind.
- Aus dem Verkauf von Staatsbetrieben ergeben sich erheb-
40 liche **Einmaleinnahmen** für die (oft verschuldeten) Staatskassen, bei defizitären Staatsbetrieben sogar dauerhafte **Entlastungen**.

Zusammenstellung: Stefan Prochnow

 5sv2t7

M2 Börsengang verschoben

Der für Ende Oktober 2008 geplante Börsengang der Deutschen Bahn wurde wegen der Finanzmarktkrise auf unbestimmte Zeit verschoben. Die Verschiebung erfolgte, weil der erwartete Erlös von wenigstens 4,5 Milliarden Euro derzeit nicht zu erreichen ist und allgemein der Widerstand gegen 5 die Privatisierung staatlichen Vermögens derzeit wieder zunimmt. Jetzt, da der Börsengang vorerst geplatzt ist, hat die Politik immerhin die Chance, darüber nachzudenken, welche Bahn sie eigentlich will: eine deutsche Eisenbahn, die der sogenannten Daseinsvorsorge verpflichtet ist und staatlich 10 hoch subventioniert Menschen von A nach B befördert, oder einen globalen, renditeorientierten Logistikriesen.

nach: o. V.: Dauerthema Bahnreform, in: WELT AM SONNTAG vom 12. Oktober 2008, S. 2

M3 Grundgesetz Artikel 87 e

Absatz 3: Eisenbahnen des Bundes werden als Wirtschaftsunternehmen in privatrechtlicher Form geführt. Diese stehen im Eigentum des Bundes, soweit die Tätigkeit des Wirtschaftsunternehmens den Bau, die Unterhaltung und das Betreiben von Schienenwegen umfasst. 5
Absatz 4: Der Bund gewährleistet, dass dem Wohl der Allgemeinheit, insbesondere den Verkehrsbedürfnissen, beim Ausbau und Erhalt des Schienennetzes der Eisenbahnen des Bundes sowie bei deren Verkehrsangeboten auf diesem Schienennetz, soweit diese nicht den Schienenpersonennah- 10 verkehr betreffen, Rechnung getragen wird.

M4 Ziele der Bahnreform 1994

Wir brauchen eine Unternehmensverfassung, die flexibles, kundennahes und marktorientiertes Handeln nicht nur zulässt, sondern durch ihr Regelwerk erzwingt. [...] Unternehmerische Qualität ist nicht gefragt, wenn die Vorschrift Mutter aller Dinge ist. [...] Diese Strukturen aufzubrechen, die in Jahr- 5 zehnte gewachsene Mentalität der Menschen fundamental zu ändern, das ist die eigentliche, die innere Bahnreform. [...] Die kaufmännische Sanierung der Deutschen Bahn ist nicht das ausschließliche Ziel der Bahnreform, sie ist aber die unverzichtbare Voraussetzung für die übergeordneten Zielset- 10 zungen, mehr Verkehr auf die Schiene zu bringen und eine dauerhafte Entlastung des Bundeshaushaltes zu erreichen.

Heinz Dürr (Bahnchef 1991–1997), in: Bahnreform. Chance für mehr Schienenverkehr und Beispiel für die Modernisierung des Staates. Heidelberg 1994, S. 3 f. und 7 f.

M 5 Geschäftszahlen der Deutschen Bahn AG

Zum Vergleich: Schienennetz vor der Privatisierung 1994: ca. 41 000 km, ungefähr 1 000 Bahnhöfe mehr als 2011. Beschäftigte in Deutschland 1994 ca. 380 000, 2007 ca. 180 000.

	2011	2010	2009	2001
Reisende Personenverkehr Schiene und Bus DB AG	2 738 000 000	2 734 000 000	2 708 000 000	1 702 000 000 (nur Schiene)
Verkehrsleistung Güterverkehr in Mio. Tonnenkilometern	111 980	105 794	93 948	84 716
Umsatz bereinigt in Mio. €	37 901	34 410	29 335	15 722
Jahresergebnis (Gewinn) in Mio. €	1 332	1 058	830	− 406
Schienennetz	33 378 km	33 708		
Bahnhöfe und Haltepunkte	5 685	5 700	5 707	5 665
Mitarbeiter	285 319 in Dtschld.: 193 109	251 810	239 888	219 146
Pünktlichkeitsquote (5 Min. Toleranz)	92,9	91,0	90,7	89,8

Zusammenstellung des Autors, u. a. nach den Konzerngeschäftsberichten der Deutschen Bahn AG 2001–2012

M 6 Die Bahnreform seit 1994

1994: Deutsche Bundesbahn und die Deutsche Reichsbahn der ehemaligen DDR werden zusammengeführt und unter dem Namen Deutsche Bahn AG als privatrechtliches Wirtschaftsunternehmen geführt (1. Stufe der Bahnreform). Die
5 Verantwortung für den Personennahverkehr wird den Bundesländern übertragen. Die Streckennetze werden für andere privatwirtschaftliche Wettbewerber geöffnet. Die Schulden von Bundes- und Reichsbahn werden ausgelagert und weitgehend vom Bund übernommen.
10 **1999 Gründung von separaten Aktiengesellschaften** für Personenverkehr, Fracht, Schienennetz und Bahnhöfe unter dem Dach der Holding Deutsche Bahn AG (2. Stufe der Bahnreform). **2007 erfolgloser Gesetzentwurf** der Bundesregierung, der eine Beteiligung privater Investoren an der DB AG insgesamt
15 zu höchstens 49,9 % vorsah; Ablehnung durch die SPD und im Bundesrat.
Frühjahr 2008 Kompromiss: Die 3. Stufe der Bahnreform soll nun eine Teilprivatisierung sein. Zustimmung des Bundesrates. (Aufbau siehe M 7)
20 **Frühjahr 2013: Forderung nach weiterer Privatisierung.** Ungeachtet der ins Stocken geratenen Teilprivatisierung (siehe M 2) fordern Unternehmer und Politiker aus CDU, FDP und einzelne Grüne eine weitere Privatisierung der Bahn.
Frühjahr 2013: Urteil zur Trennung von Netz und Betrieb.
25 Private Eisenbahnunternehmen hatten geklagt, weil sie sich durch die Bündelung von Schienennetz und Eisenbahnbetrieb bei der Deutschen Bahn AG benachteiligt fühlten. Der Europäische Gerichtshof entschied jedoch, dass die formale Trennung in unterschiedliche Konzerntöchter ausreichend
30 sei, um den Wettbewerb auf der Schiene zu gewährleisten.

Stefan Prochnow, eigener Text

Abb. 33.1: Im „Zug der Ideen" testet die metronom Eisenbahngesellschaft neue Angebote wie Snack-Automaten oder Ruhewagen

M 7 Holdingmodell des DB-Konzerns

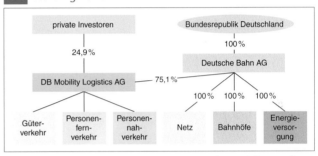

nach: Europäisches Verbraucherschutzportal (www.dolceta.eu)

M 8 Landesnahverkehrsgesellschaft Niedersachsen (LNVG)

In Niedersachsen werden die Nahverkehrszüge von der landeseigenen LNVG strecken- oder linienweise bei bestimmten Eisenbahnunternehmen bestellt oder europaweit ausgeschrieben. Durch die Ausschreibung hat die LNVG die Möglichkeit, durch Wettbewerb den günstigsten Anbieter aus- 5 zuwählen. In Niedersachsen kamen dabei mehrere private Eisenbahnunternehmen zum Zuge, unter anderem die NordWestBahn (z. B. Streckennetz im Weser-Ems-Gebiet), erixx OHE in der Lüneburger Heide und auf mehreren Strecken die metronom Eisenbahngesellschaft. Letztere ist die größte 10 nichtbundeseigene Eisenbahn in Deutschland.

Stefan Prochnow, eigener Text

ARBEITSAUFTRÄGE

1. Erarbeiten Sie Merkmale und Ziele der Bahnreform in Deutschland! (M 1–M 6)

2. Beschreiben Sie die Entwicklung und die Struktur der Deutschen Bahn AG! (M 5–M 7)

3. Erläutern Sie, inwiefern man am Beispiel der Privatisierung von Staatsunternehmen die Prinzipien der Sozialen Marktwirtschaft (Wettbewerbs-, Sozial- und Marktkonformitätsprinzip) erkennen kann!

4. Vergleichen Sie auf Basis Ihrer persönlichen Erfahrungen die Qualität der verschiedenen privaten Eisenbahnunternehmen: Welche Unterschiede haben Sie festgestellt (vgl. M 8)?

(Wie) Soll die Bahn privatisiert werden? Meinungen und Erfahrungen aus dem In- und Ausland

M9 Doing it the Japanese Way

Die Züge waren unpünktlich und die Bilanzen tiefrot, es gab Unfälle und Streiks – das waren die Kennzeichen der japanischen Staatsbahn vor der Privatisierung. Doch mit dem Börsengang, der Mitte der Achtzigerjahre eingeleitet wur-
5 de, änderte sich fast alles: Japans Schienennetz ist heute das dichteste und modernste der Welt. Die Züge sind extrem pünktlich und sauber, das Personal äußerst dienstbeflissen, viele Bahnhöfe Einkaufsparadiese und die Bahnunternehmen profitabel. Der Vergleich mit Deutschland ist allerdings nicht
10 einfach: Japan ist ein Eisenbahnland, das Auto viel langsamer als der Schnellzug, die Autobahnen kosten hohe Gebühren. Als Inselland hat Japan keinen grenzüberschreitenden Verkehr, der oft Verspätungen bringt. Und die Kunden leisten ihren Beitrag für Disziplin und Sauberkeit: Telefonieren im
15 Zug ist verboten, niemand lässt Abfall liegen, nicht einmal Zeitungen. Vandalismus ist in Japan unbekannt.

Abb. 34.1: Superschnellzüge wie der Shinkansen 500 „Nozomi"
prägen das Bild der privatisierten japanischen Eisenbahnen.

Unrentable Strecken wurden stillgelegt

Dennoch lassen sich aus der japanischen Erfolgsgeschichte für Deutschland einige Lehren ziehen: Das deutsche Vorha-
20 ben, Verkehrsbetrieb und Schienennetz zu trennen, scheiterte in Japan schon nach wenigen Jahren kläglich: Die Abstimmungsprobleme wurden zu groß. Auch die Befürchtung vieler deutscher Privatisierungskritiker, unrentable Strecken würden stillgelegt, bewahrheitete sich in Japan. Allerdings
25 übernahmen vielfach kommunale Verkehrsbetriebe mit staatlichen Zuschüssen den Betrieb der unprofitablen Gleisabschnitte. Auch der Wunsch des Finanzministers, mit der Privatisierung die Staatskasse zu entlasten, ging in Japan keineswegs in Erfüllung. Der Staat musste nämlich den gigan-
30 tischen Schuldenberg der Bahn und ihre Pensionsverpflichtungen übernehmen. Der Verkauf der bahneigenen Grundstücke verringerte diese Verpflichtungen bisher kaum.

Gefahr für die Sicherheit

Entgegen der ursprünglichen Absicht subventioniert der
35 Staat inzwischen auch viele Neubaustrecken, die keine Gewinne versprechen, mit bis zu 70 Prozent. Und die Bahnpreise sind hoch geblieben, es gibt kaum Ermäßigungen. Auch die Bahn-Mitarbeiter litten durch die Privatisierung:

Viele mussten andere Aufgaben übernehmen oder verloren sogar ihre Jobs. Der Wettbewerb ist zudem eine latente Ge- 40 fahr für die Sicherheit: Nach einem schweren Unglück durch überhöhte Geschwindigkeit wurde kürzlich bekannt, dass Zugführer für Verspätungen mit rigorosen Nachschulungen bestraft werden.

Martin Fritz (ARD-Hörfunkkorrespondent in Tokio): Erfolgreiche
Bahnprivatisierung mit Macken. Das japanische Modell, in:
www.tagesschau.de, zitiert nach Olaf (118640-2), aufgerufen
unter www.drehscheibe-foren.de/foren/read.php?2,3402988
am 13. April 2013

M10 11 000 Jahre Verspätung

Zum 1. April 1994 wurde British Rail vollständig privatisiert. Die Erwartungen waren enorm. Die verkrusteten Strukturen der Staatsbahn sollten aufgebrochen werden, die Kräfte des Marktes und des Wettbewerbs sollten den Schienenverkehr beleben. British Rail wurde in 106 Firmen zerlegt, die mehr 5 als 2 000 Subunternehmen entstehen ließen. Auch die Schienenwege verkaufte man, sie gehörten der Aktiengesellschaft Railtrack. Doch schon bald setzte Ernüchterung ein. Der Wettbewerb wurde nicht stimuliert, der Subventionsbedarf stieg, Privatinvestoren konnten ohne staatliche Geldzusagen 10 nicht gewonnen werden und die Fahrgäste profitierten keineswegs von dem in Aussicht gestellten Unternehmergeist. Zwar stiegen die Fahrgastzahlen von 1980 bis 2009 um 60 Prozent, im Straßenverkehr aber um 80 Prozent und der Inlandsflugverkehr verdreifachte sich sogar. 15
Tatsächlich wurde das Bahnfahren mühsam in England, denn die einzelnen Gesellschaften stimmten die Fahrpläne zunächst kaum aufeinander ab, die Tarifsysteme gerieten zu Labyrinthen. Und es wurde gefährlich: Immer wieder kam es auf den miserabel gewarteten Strecken zu Unfällen. 55 Prozent 20 der 18 000 täglichen Reisezüge waren verspätet – die Gesamtsumme aller Verspätungen seit der Privatisierung hatte bereits im Jahr 2005 das Ausmaß von 11 000 Jahren angenommen. Und das, obwohl viele Bahngesellschaften die Fahrtzeiten ihrer Züge ohnehin schon gestreckt hatten: Etliche Reisezeiten 25 waren länger als zu Dampflokzeiten 100 Jahre zuvor.
Als sich die Unfälle infolge von eingesparten Wartungskosten der gewinnorientierten Bahnunternehmen häuften, griff die britische Regierung ein und verstaatlichte den Netzbetreiber Railtrack wieder. 30
Dennoch hat Großbritannien heute eine der langsamsten und zugleich teuersten Eisenbahnen Europas.

nach: Tim Engartner: 11 000 Jahre Verspätung, in: DIE ZEIT vom
5. März 2009, S. 84

M11 Pünktlichkeit trotz Staatsbesitz: Schweizerische Bundesbahnen (SBB)

Im Fall der Bahnprivatisierung gibt es eine real existierende und in weiten Bereichen glaubwürdige Alternative: Die Schweizerischen Bundesbahnen, die sich fast komplett in öffentlichem Eigentum befinden. Dort gibt es landesweit einen

5 Halbstundentakt, die Schweizer fahren mit 1 800 km im Jahr 2,2-mal mehr Kilometer auf der Schiene als ein Mensch hierzulande, obgleich die Schweiz nur ein Neuntel der Fläche Deutschlands
10 aufweist. In der Schweiz liegen die staatlichen Zuschüsse bei der Hälfte der Zuschüsse, die die deutschen Steuerzahler aufbringen müssen. 95 Prozent der Züge in der Schweiz sind gemäß Definition
15 (5 Minuten Toleranz) pünktlich.

Der Erfolg der Schiene in der Schweiz hat fünf wesentliche Gründe

Erstens gibt es in der Schweiz keinen einzigen großen Automobilhersteller und
20 kein einziges globales Ölunternehmen. Das trägt dazu bei, dass die Autolobby nicht so wirksam ist wie in vielen anderen Industrieländern.

Zweitens weist der Schweizerische Schienenverkehr eine de-
25 zentrale Eigentumsstruktur auf und nahezu alle Bahnen, die zusammen die SBB bilden, gehören den Kantonen oder anderen öffentlichen Eigentümern. Die dezentralen Eigentumsverhältnisse führen zu einer größeren Bürgernähe, zu mehr Kundenfreundlichkeit und Service. Im Mittelpunkt steht die
30 Kundenzufriedenheit, nicht die Befriedigung irgendwelcher Aktionäre.

Drittens besteht das führende Personal bei den SBB überwiegend aus engagierten und kenntnisreichen Bahnleuten. Bei privatisierten Eisenbahnen haben dagegen oftmals externe
35 Manager, Unternehmensberater oder Juristen das Wort.

Viertens setzen die SBB beim Tarifsystem auf Transparenz. Die 2,5 Millionen Schweizerinnen und Schweizer mit Halbtax-Abonnement (entspricht etwa der BahnCard50) würde übertragen auf Deutschland heißen, dass 25 Millionen
40 Deutsche die BahnCard50 besitzen müssten. Real sind es nur 1,5 Millionen; eine weitere Million besitzt die BahnCard25. Das Preissystem ist einfach: Entweder man fährt zum Normalpreis oder zum halben Preis mit dem Halbtax-Ticket. Frühbucherrabatte und andere komplizierte Schnäppchen-
45 Angebote kennt man in der Schweiz nicht. Die SBB wären mit ihrem Preissystem natürlich nicht so erfolgreich, wenn nicht auch das Schienennetz und der Betrieb vorzüglich organisiert wären. Man fährt zwar nicht so schnell und auch nicht so mondän wie im deutschen ICE, aber öfter und pünktlicher.
50 Während in Deutschland offenbar nur noch die ICE-Strecken die Bahn interessieren, ist das Schweizer Netz weiterhin engmaschig, füllen die Nebenbahnen die Züge auf den Hauptlinien.

Fünftens ist der Erfolg der Schiene in der Schweiz Resultat
55 einer demokratischen Tradition. Es gab seit Anfang der Achtzigerjahre zehn Referenden (Volksabstimmungen) in Sachen Bahnpolitik in der Schweiz. Immer entschied die Bevölkerung sich für den Erhalt der Bahn in der Fläche, gegen Höchstgeschwindigkeit und für eine bürgernahe Bahn.

nach: Winfried Wolf: Mit Hochgeschwindigkeit aufs falsche Gleis. Bahnprivatisierung in Deutschland und international. Institut für sozial-ökologische Wirtschaftsforschung e.V., München 2007, S. 8–10

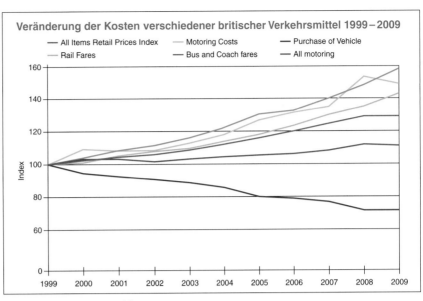

Veränderung der Kosten verschiedener britischer Verkehrsmittel 1999–2009

— All Items Retail Prices Index   — Motoring Costs   — Purchase of Vehicle
— Rail Fares   — Bus and Coach fares   — All motoring

Quelle: UK Department of Transport

M 12 Privatisierung kostet Jobs

Durch die Privatisierung öffentlicher Unternehmen sind in Deutschland seit Anfang der 90er-Jahre unter dem Strich mindestens 600 000 Arbeitsplätze verloren gegangen – insgesamt wurden damit mehr Jobs gestrichen als geschaffen:
Zu diesem Ergebnis kommt eine Studie des Wirtschafts- und 5
Sozialwissenschaftlichen Instituts (WSI) der gewerkschaftsnahen Hans-Böckler-Stiftung. Demnach sind beispielsweise im Öffentlichen Dienst zwischen 1991 und 2006 mehr als 2,1 Millionen Stellen weggefallen – fast ein Drittel aller Stellen im Staatsdienst. [...] Zwar hätten die privaten Konkurrenten neue 10
Jobs geschaffen – es handele sich aber häufig um schlechter bezahlte Stellen oder Minijobs. Ähnliches sei auch in anderen europäischen Ländern festzustellen. „Mehr Wettbewerb hat nicht zu mehr Beschäftigung geführt, sondern zu Beschäftigungsabbau", sagt WSI-Liberalisierungsexperte Thorsten 15
Brandt. Die Erwartung der EU, dass die Liberalisierung von Telekommunikation, Post, Transport und Energie eine Million zusätzliche Stellen schaffen werde, habe sich nicht erfüllt.

Eske Hicken: Privatisierung kostet Jobs, in: Frankfurter Rundschau vom 25. September 2008, S. 21

ARBEITSAUFTRÄGE

1. *Erörtern Sie Chancen und Probleme einer Bahnprivatisierung in Deutschland!*

2. *Führen Sie eine Talkshow zur Frage „(Wie) Soll die Bahn privatisiert werden?" durch! Entwickeln Sie dafür in Gruppen Rollenkarten für verschiedene Talkgäste, z. B. DB-Lokführer, Leitender Mitarbeiter eines privaten Eisenbahnunternehmens, Pendler, Gewerkschaftsfunktionär, Unternehmer als Güterverkehrskunde!*

3. *Erstellen Sie aufgrund der Informationen auf dieser Doppelseite und eigener Recherchen eine Powerpoint-Präsentation (siehe Methodenkompetenztraining auf S. 36–37) zu der Situation auf dem Schienenverkehrsmarkt in Großbritannien, Japan, der Schweiz oder einem anderen Land Ihrer Wahl!*

Methodenkompetenztraining: Präsentieren mit Powerpoint

Vor allem die Präsentationssoftware Powerpoint hat sich in den vergangenen 15 Jahren zum Standardprogramm der Visualisierung von Vorträgen und Referaten entwickelt – auch in Schulen. Grundsätzlich hat Visualisierung aus guten (lernpsychologischen) Gründen ihren Platz in einem Vortrag – schließlich sollen Zuhörer das Gesagte nicht nur hören, sondern auch verstehen und reflektieren sowie bestenfalls sogar behalten. Anschaulichkeit ist also erwünscht und sogar erforderlich.

Doch hat Visualisierung ihre Grenzen: Wird Powerpoint, wird die Folie, der „Slide", zum Selbstzweck, geschieht das Gegenteil von Anschaulichkeit: Der Zuhörer muss sich mit überflüssigen oder langweiligen, gelegentlich lächerlichen Bild- und Textanhäufungen auseinandersetzen und verliert den „roten Faden".

Was also macht eine gute, anschauliche Präsentation aus? Zu dieser Frage findet sich eine Vielzahl von Ansichten. Häufig handelt es sich um subjektive Auffassungen, dennoch lässt sich ein breiter Konsens darüber feststellen, wie eine überzeugende (und überzeugend vorgetragene) Präsentation aussieht.

Powerpoint, zwei Seiten einer Medaille

Manche Referenten vertrauen auf die Macht der Technik und vernachlässigen die Inhalte. Eine gute Präsentation hat ihre Tücken. [...] Powerpoint ist eine Selbstverständlichkeit geworden – und das, obwohl sein Nutzen äußerst fraglich ist. „Powerpoint is evil", Powerpoint ist böse, lautete die Überschrift eines Artikels, den der amerikanische Wissenschaftler Edward Tufte vor vier Jahren veröffentlichte. Nach der Untersuchung von tausenden Präsentationsfolien war Tufte zu dem Ergebnis gekommen, dass Powerpoint komplexe Themen zu stark vereinfache. [...]

Inzwischen gibt es ein Spiel, das allen Kritikern der Folienschau eine reine Freude sein sollte, weil es das Absurde von Powerpoint besser herausstellt, als es jede Polemik könnte. „Powerpoint-Karaoke" heißt die als Wettkampf getarnte Satire-Veranstaltung, bei der Kandidaten möglichst unterhaltsam eine Präsentation vorstellen müssen, die ihnen bis dahin völlig unbekannt ist. Tapfer müssen sie sich vor Publikum durch die Folien klicken. Der erste Wettbewerb fand vor einem Jahr in der Berliner Kulturbrauerei statt, organisiert von der Zentralen Intelligenz Agentur: Der Sieger referierte über die „Pelletspeicher mit Sonnen-Pellet Maulwurf". Eine andere Präsentation widmete sich dem Thema „China-Kontakte der IHK Bochum". [...] Im Oktober dieses Jahres wird eine Gruppe von Soziologen der Technischen Universität Berlin die Ergebnisse der bislang größten deutschen Untersuchung über Powerpoint veröffentlichen. Schon jetzt hat sich die Grundannahme der Untersuchung bestätigt: Powerpoint ist nicht einfach nur eine moderne Art der Präsentation, sondern eine selbstständige Gattung, die ganz eigenen Regeln folgt. „Dafür spricht zum Beispiel, dass sich in rasend schneller Zeit eine eigene Rezeptionsästhetik herausgebildet hat", sagt Frederik Pötzsch, ein Mitglied der Forschergruppe. Zu Powerpoint-Präsentationen würden außerdem bestimmte Zeigebewegungen gehören, die es bei klassischen Referaten und auch bei Dia-Vorträgen nie gegeben habe.

Mit Powerpoint habe schließlich ein Zwang zur Visualisierung eingesetzt: Wo man über Goethe spricht, da werden auch drei Goethe-Bilder gezeigt. „Die heutige Studentengeneration erwartet das, deswegen halte ich Powerpoint-Präsentationen für unumgänglich", sagt Pötzsch. Dass der Zwang zur Visualisierung schnell in die Lächerlichkeit führen kann, erlebte Pötzsch in einem großen deutschen Unternehmen, dessen Topmanager „die dümmsten Bildchen" benutzt hätten, um in einer Präsentation das Stichwort „Motivation" zu illustrieren. [...] Und warum langweilen so viele Referenten, obwohl sie regelmäßig präsentieren müssen? „Weil eine gute Präsentation verlangt, dass man ein Thema intellektuell erfasst, geistreich rüberbringt und optisch anspruchsvoll darstellt. Das sind so viele Ansprüche, dass es die meisten Menschen einfach überfordert".

Hendrik Steinkuhl: Folienschau mit albernen Bildchen,
in: Frankfurter Allgemeine Zeitung, 10. Februar 2007, S. C6

Abb. 36.1: Beurteilen Sie Körpersprache und Haltung dieses Referenten!

Konkretes Beispiel einer aussagekräftigen Folie:

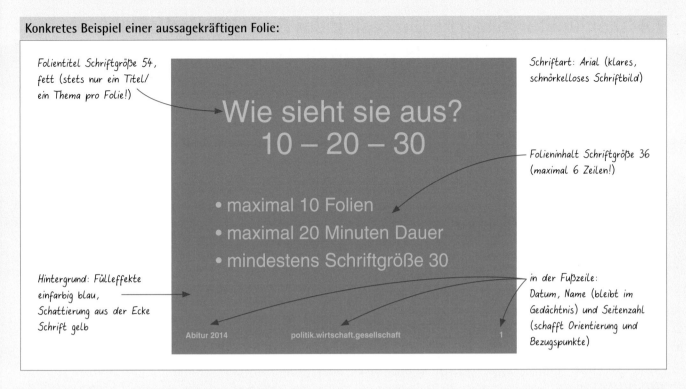

Präsentieren mit Powerpoint – 10 Goldene Regeln

1. Gestalten Sie die erste Folie nach dem *AIDA*-Schema:
   Attention (Aufmerksamkeit herstellen!)
   Interest (Interesse wecken!)
   Desire (Wunsch hervorrufen, mehr zu erfahren!)
   Action (zu aktivem Zuhören motivieren!)

2. Verleihen Sie Ihrer Präsentation durch eine übersichtliche Gliederung und ein einheitliches Layout Wirkung! (Vermeiden Sie unbedingt technischen Spielereien wie aufwändige Überblendungen oder rotierende Sätze mit Formel-1-Geräusch!)

3. Sie stehen im Mittelpunkt, nicht die Präsentation!

4. Blenden Sie die Folie nicht ein, bevor oder erst nachdem Sie sprechen – die Folie ergänzt, veranschaulicht Ihren Vortrag!

5. Lesen Sie Ihre Folien niemals vor!

6. Bauen Sie gezielt passende Zitate zum Mitdenken oder zur Überleitung zum nächsten Thema ein!

7. Fertigen Sie sich ergänzende Notizen an! Bewährt haben sich Karteikarten (sieht auch professionell aus).

8. Formulieren Sie Ihren ersten Satz schriftlich aus und lernen ihn auswendig – gut gegen Lampenfieber!

9. Proben Sie ihren Vortrag – sprechen Sie dabei laut und stoppen Sie die Zeit!

10. Sprechen Sie langsam in angemessener Lautstärke und in kurzen, einfachen Sätzen! Legen Sie dabei Denk- und Sprechpausen ein – Ihre Zuhörer werden dankbar sein!

ARBEITSAUFTRAG

1. Bearbeiten Sie die Aufgabe 3 auf S. 35. Geben Sie im Kurs nach jeder Präsentation eine kurze Rückmeldung (Feedback), inwieweit die Goldenen Regeln (s. o.) verwirklicht worden sind!

2.4 Konjunkturpolitische Dimension des Beschäftigungsproblems – Erleben wir ein deutsches „Jobwunder"?

M1 Ökonomen enträtseln deutsches Jobwunder

Der deutsche Arbeitsmarkt steht nach der Krise glänzend da. Aber was sind die wahren Gründe für das Jobwunder? [...]

Gerhard Schröder hat sich vor einigen Tagen zurückgemeldet. Der Altkanzler wollte es sich nicht nehmen lassen, seine Arbeitsmarktreformen vom Anfang des Jahrzehnts kräftig zu feiern. Der Anlass: Die Zahl der Erwerbslosen war im Oktober
5 unter die Drei-Millionen-Grenze gesunken. Für Schröder ist völlig klar: Nur die Agenda 2010 hat das möglich gemacht – und das ausgerechnet im Jahr 2010.

So viel Symbolik – das kann doch kein Zufall sein? „Doch", sagen Wissenschaftler der gewerkschaftsnahen Hans-Böck-
10 ler-Stiftung, die in einer aktuellen Studie zum deutschen Arbeitsmarkt mit dem Mythos der Wunderwaffe Agenda 2010 aufräumen wollen: Die Lockerung des Kündigungsschutzes, die Ausweitung der Leiharbeit und die anderen Hartz-Reformen hätten allenfalls einen geringen Beitrag zum
15 Beschäftigungswunder geleistet. Auch die Zurückhaltung der Beschäftigten bei den Löhnen seit der Jahrtausendwende habe Wirtschaftswachstum und Jobentwicklung in Deutschland eher geschwächt als gestärkt.

Die wahre Ursache für das „German miracle", das „deutsche
20 Wunder", sehen die Experten woanders: bei den Unternehmen und ihren Mitarbeitern. Die nämlich haben in der Krise flexible Arbeitszeiten, den Abbau von Stundenkonten und die Kurzarbeit so stark genutzt wie noch nie. So gingen die gearbeiteten Stunden pro Arbeitnehmer bis zum Höhepunkt der
25 Krise um 3,4 Prozent zurück – ohne dass es in großem Stil zu Entlassungen gekommen wäre. „3,1 Millionen Arbeitsplätze sind in Deutschland über die Finanz- und Wirtschaftskrise gerettet worden, weil die Arbeitszeiten reduziert wurden und Unternehmen Beschäftigte gehalten haben", schreiben die
30 Forscher. Das seien 7,7 Prozent aller Jobs gewesen.

Kein Wunder, aber ein Erfolg
Tatsächlich ist die Beschäftigung in den Jahren 2008 und 2009 trotz der verheerendsten Wirtschaftskrise nach dem Zweiten Weltkrieg nicht gefallen. Im Gegenteil: Während in
35 vielen anderen Ländern der Welt die Zahl der Beschäftigten massiv zurückging, ist sie in Deutschland leicht gestiegen: in der gesamten Periode um 0,4 Prozent.

„Das ist eine Sensation", sagen die Forscher. Aber auch kein wirkliches Wunder. Denn angesichts der in der Studie auf-
40 gelisteten Gründe lässt sich das Phänomen leicht erklären. Hätten dagegen die Arbeitsmarkt-Deregulierungen wie die Leiharbeit und der gelockerte Kündigungsschutz eine stärkere Rolle in der Krise gespielt, wäre die Zahl der Jobs stark gefallen und die Arbeitslosigkeit gestiegen.

45 Was die Studie allerdings verschweigt: Der Aufbau von Beschäftigung vor und nach der Krise geht unbestritten auch auf die Schröder-Reformen zurück, und damit eben auch auf die Lockerung der Leiharbeit. Denn allein in dieser Branche sind derzeit nahezu 900 000 Personen beschäftigt – ein

Rekord. Ob es sich um einen qualitativ hochwertigen Aufbau 50 von Jobs handelt, ist dabei eine andere Frage.

Mageres Abschneiden für Frankreich und Spanien
Wie sensationell sich der deutsche Jobmarkt im Abschwung entwickelte, zeigt auch ein europäischer Vergleich. Die Forscher ziehen dafür die Beschäftigungsentwicklung in 55 Frankreich, Spanien, Österreich und im Durchschnitt des Euroraums während der Krise als Beispiele heran. So ging die Beschäftigung in Spanien im Zeitraum 2008/2009 um fast zehn Prozent, in Frankreich um knapp zwei Prozent und im Euroraum um gut zwei Prozent zurück. Lediglich in Österreich 60 zeigte sich der Arbeitsmarkt ähnlich robust wie in Deutschland. Denn anders als in Deutschland konnten die Betriebe in Frankreich und Spanien nicht auf flexible Arbeitszeitmodelle zurückgreifen – oder sie wurden nicht genutzt. In Österreich wurde dagegen – wie in Deutschland – die Arbeitszeit wäh- 65 rend der Krise deutlich reduziert.

Um den deutschen Arbeitsmarkt auch künftig in Schwung zu halten, raten die Forscher zu mehreren Maßnahmen: Neben der Beibehaltung der flexiblen Instrumente und höheren staatlichen Investitionen halten sie eine stärkere Lohnent- 70 wicklung für sinnvoll – zur Stärkung der Binnenwirtschaft. Die Gehälter sollten sich künftig wieder an der mittelfristigen Produktivitätsentwicklung orientieren.

Unterstützung bekommen die gewerkschaftsnahen Wissenschaftler ausgerechnet von der FDP. So hatte sich Wirt- 75 schaftsminister Rainer Brüderle zuletzt ebenfalls für kräftige Lohnerhöhungen ausgesprochen. Einen Mindestlohn – wie er auch in der Studie gefordert wird – lehnt Brüderle jedoch ab.

Autor „yes" in: SPIEGEL ONLINE vom 2. November 2010, aufgerufen unter www.spiegel.de/wirtschaft/soziales/0,1518,726671,00. html am 20. Februar 2013

M2 Arbeitslose in der EU 2011

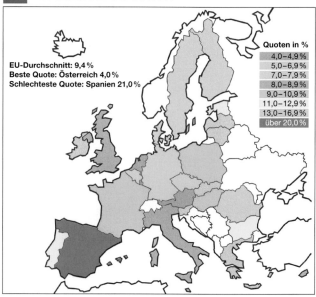

Quelle: Eurostat 2011

M3 Strukturelle Arbeitslosigkeit weiter abbauen

Um das Arbeitskräftepotenzial besser auszuschöpfen, muss die strukturelle Arbeitslosigkeit weiter zurückgeführt werden. Die Reformen der vergangenen Jahre haben den Arbeitsmarkt in Deutschland deutlich flexibler gemacht. Er ist
5 jetzt besser in der Lage, auf Veränderungen in der wirtschaftlichen Entwicklung zu reagieren. [...]

Die Bundesregierung plant in diesem Jahr eine Reform des Rechtsrahmens aktiver Arbeitsmarktpolitik, damit Arbeitsuchende künftig schneller und zielgenauer in den Arbeitsmarkt
10 integriert werden können. Die Anreize zur Wiedereingliederung sollen gemäß dem Prinzip des Förderns und Forderns weiter gestärkt werden. Dazu soll die Zahl der Arbeitsmarktinstrumente deutlich reduziert und gleichzeitig ein hohes Maß an Ermessensspielraum vor Ort in den Agenturen für
15 Arbeit und den Grundsicherungsstellen erreicht werden, kombiniert mit einem wirksamen Controlling.

Gründe für das „deutsche Jobwunder"

Die positive Entwicklung auf dem deutschen Arbeitsmarkt ist in erster Linie der Flexibilität des Tarifvertragssystems zu ver-
20 danken, das viele betriebliche Bündnisse für Arbeit, moderate Lohnabschlüsse sowie flexible Arbeitszeitmodelle ermöglicht hat. Damit konnten während der Krise Überkapazitäten häufig ohne Entlassungen abgefedert werden.

Die Bundesregierung hat dieses beschäftigungssichernde
25 Vorgehen mit einer vorübergehenden Verbesserung der Regelungen zur Kurzarbeit unterstützt. Die Zahl der Kurzarbeiter ist mittlerweile ohne einen Anstieg der Arbeitslosigkeit deutlich gesunken. Dies spricht für einen konjunkturgerechten Ausstieg aus den staatlichen Stimulierungsmaßnahmen.
30 Ein differenziertes Bild ergibt sich mit Blick auf die Beschäftigungsentwicklung nach Sektoren. Im Dienstleistungssektor setzte sich insgesamt der längerfristige Trend zum Beschäftigungsaufbau über die Krise hinweg fort. Im stärker exportorientierten verarbeitenden Gewerbe hingegen schlug der
35 Einbruch der Weltwirtschaft auch auf die Beschäftigung durch. Die Anzahl der Erwerbstätigen ging im Jahr 2009 vorübergehend zurück, bevor sie mit der Erholung des Welthandels im vergangenen Jahr wieder anstieg.

Im internationalen Vergleich hat sich der deutsche Ar-
40 beitsmarkt insgesamt als flexibler erwiesen, als ihm in der Vergangenheit vielfach attestiert worden war. Hierbei kam insbesondere der Zeitarbeit als spezifisch flexiblem Arbeitsmarktsegment eine entscheidende Bedeutung zu. Darüber hinaus ist auch die Entlastung des Faktors Arbeit ein wich-
45 tiger Aspekt. Dem hat die Bundesregierung unter anderem mit der Gesundheitsreform 2010 Rechnung getragen und die Lohnzusatzkosten dauerhaft vom Anstieg der Gesundheitsausgaben entkoppelt.

Die Zahl der Arbeitslosen ist in den vergangenen fünf Jah-
50 ren um rund 1,6 Millionen Personen zurückgegangen (von 4,6 Millionen Personen im Oktober 2005 auf unter 3 Millionen Personen im Oktober 2010). Die durchschnittliche Dauer der Arbeitslosigkeit hat sich um rund sieben Wochen verringert (von 40,4 Wochen im Jahr 2006 auf aktuell 33,4 Wo-
55 chen). Die Erwerbstätigenquote Älterer zwischen 55 Jahren und unter 65 Jahren ist in den vergangenen fünf Jahren um

rund 14,7 Prozentpunkte gestiegen (von 41,2 % im Jahr 2004 auf 55,9 % im Jahr 2009).

Bundesministerium der Finanzen (Hrsg.): Finanz- und Wirtschaftspolitik im Jahreswirtschaftsbericht 2011, Berlin 2011

M4 Es gibt kein Beschäftigungswunder

Rainer Brüderle spart nicht mit Superlativen, wenn es um die wirtschaftliche Lage geht. Erst sprach er von einem XL-Aufschwung, dann von einem XXL-Aufschwung, jetzt sieht er Deutschland auf dem Weg zur Vollbeschäftigung. Auch in der Wirtschaft ist der Optimismus ungebrochen. Der Ifo- 5 Konjunkturindex liegt aktuell sogar über dem Niveau des Jahres 2007.

„Der wirtschaftliche Aufschwung ist insbesondere ein Beschäftigungsaufschwung", heißt es im aktuellen [damals von 2011] Jahreswirtschaftsbericht der Bundesregierung. Die Re- 10 gierung beruft sich dabei auf die sinkende Arbeitslosigkeit und die steigende Erwerbstätigkeit. So waren im vergangenen Jahr 40,5 Mio. Frauen und Männer in Deutschland erwerbstätig, in diesem Jahr sollen es sogar 40,8 Mio. sein.

Bei so viel Euphorie finden Mahner nur schwer Gehör. Aber 15 es gibt sie, auch unter Ökonomen, die der Bundesregierung nahestehen. „Wer jetzt von Boom redet, der verkennt die Situation", sagt Stefan Kooths vom Kieler Institut für Weltwirtschaft. Dieses Institut berät auch die Regierung.

Das Beschäftigungswunder ist in Wahrheit keines, sagt der 20 Ökonom Kooths. Entscheidend sei nicht die Zahl der Arbeitsplätze, sondern das Arbeitsvolumen, also die Zahl der pro Jahr geleisteten Arbeitsstunden. Und die liegt in Deutschland aktuell auf dem Niveau des Jahres 2000 und der Mitte der 90er-Jahre. Seinerzeit waren es rund 57,6 Mrd. Stunden. 25 Kooths: „Damals hat niemand das deutsche Jobwunder ausgerufen." Die Ursache für die steigende Erwerbstätigkeit seien mehr Teilzeitarbeit und Minijobs. Die Bruttolöhne je Arbeitnehmer sollen, so der Jahreswirtschaftsbericht, in diesem Jahr um 2,1 % steigen, die Inflation soll bei 1,8 % liegen. Real 30 würden dann die Löhne um 0,3 Prozentpunkte zulegen. Dennoch geht Brüderle davon aus, dass der Konsum um 1,6 % wachsen wird.

Die Hoffnung, dass der private Verbrauch tatsächlich in dieser Größenordnung zunehmen wird, während die Reallöhne 35 nur minimal steigen, lasse sich damit erklären, dass Brüderle offenbar mit einer ordentlichen Erhöhung der Unternehmensgewinne rechne, sagte der Ökonom Heiner Flassbeck, Direktor der Welthandelsorganisation UNCTAD in Genf. Von diesen Gewinnen fließe auch ein Teil in den privaten Konsum. 40 Vom Wachstum profitiere der Großteil der Beschäftigten aber nicht.

Anders als Brüderle geht Frank-Jürgen Weise, Vorstandsvorsitzender der Bundesagentur für Arbeit, nicht davon aus, dass die Löhne steigen werden. In einem Interview mit SPIEGEL 45 ONLINE prognostiziert er jetzt, dass die Löhne „tendenziell" geringer ausfallen würden. Weise: „Langfristig wird es sogar mehr Menschen geben, die einen Zusatzjob oder staatliche Zuschüsse brauchen."

50 Diese Lohnzuschüsse aus Steuermitteln belaufen sich seit 2005 auf rund 50 Mrd. €, sagt der Verteilungsforscher Claus Schäfer vom gewerkschaftsnahen Wirtschafts- und Sozialwissenschaftlichen Institut. Damit wurden die Einkommen von Niedriglöhnern auf das Niveau von Hartz IV aufgestockt.

55 Die Entwicklung bei den Löhnen und auf dem Arbeitsmarkt – Teilzeit- und Minijobs – spiegelt sich in der Lohnquote, die den Anteil der Löhne am Volkseinkommen misst. Seit 1991 ist sie netto, nach Abzug von Steuern und Abgaben, von 48 % auf gut 39 % gesunken. Im gleichen Zeitraum ist die Netto-
60 Gewinnquote von knapp 30 % auf 34 % gestiegen, wie Schäfer ermittelt hat.

Hartmut Steiger: Es gibt kein Beschäftigungswunder, in: VDI nachrichten, Düsseldorf, vom 28. Januar 2011, aufgerufen unter www.vdi-nachrichten.com/artikel/Es-gibt-kein-Beschaeftigungswunder/51466/1 am 20. Februar 2013

M5 Hinter der Statistik: das Jobwunder

Die Welt steckt in der Krise. Und in Deutschland sinkt die Arbeitslosigkeit. Wie kann das sein?

Die Schuldenkrise hält die Welt in Atem, in vielen Ländern Europas droht eine Rezession – aber der deutsche Arbeitsmarkt ist kerngesund. Ende September dieses Jahres gab es erstmals seit 1991 weniger als 2,8 Millionen Arbeitslose. Die
5 Rate liegt bei 6,6 Prozent. Verkehrte Welt?
Die gute Lage hat mehrere Gründe. Die Wirtschaft profitiert von der schnellen Erholung nach dem Krisenjahr 2009. Unter anderem dank Kurzarbeit blieb der Arbeitsmarkt auch in der Rezession stabil, seit Beginn des folgenden Aufschwungs
10 steigt die Nachfrage der Unternehmen. Hinzu kommt eine bessere Stellenvermittlung.
Erstmals seit den Reformen im Jahr 2005 gibt es weniger als zwei Millionen Arbeitslosengeld-II-Empfänger und das, obwohl die Zahl der Ein-Euro-Jobs kontinuierlich sinkt. Rund
15 26 Prozent der ehemaligen Arbeitslosengeld-II-Empfänger haben inzwischen eine Arbeit, rund ein Drittel ging in Rente oder verschwand krankheitsbedingt aus der Statistik. „Derzeit ist die demografische Entlastung aber gering", sagt Holger Schäfer vom Institut der deutschen Wirtschaft. Das
20 heißt, die steigende Zahl der Alten, die aus dem Erwerbsleben ausscheiden, wird unter anderem dadurch ausgeglichen, dass immer mehr Frauen arbeiten wollen.
Doch die Krise in den europäischen Nachbarländern trübt die Aussichten. Rund 60 Prozent der deutschen Exporte bleiben
25 in der EU, neun Millionen Arbeitsplätze hängen davon ab. Bisher zeigen sich noch keine Auswirkungen, der Arbeitsmarkt reagiert jedoch stets mit Verzögerung. „Es gibt Anzeichen für eine Verlangsamung des Wachstums, aber es ist noch keine Trendwende in Sicht", sagt Schäfer. Selbst mit einem Wachs-
30 tum von einem bis 1,5 Prozent werde die Arbeitslosigkeit weiterhin leicht sinken.

Katja Scherer: Hinter der Statistik. Das Jobwunder, in: Brand eins, Heft 11/2011, aufgerufen unter www.brandeins.de/archiv/magazin/rechnen/artikel/hinter-der-statistik-das-jobwunder.html am 20. Februar 2013

M6 Im Fokus: der deutsche Arbeitsmarkt

Während andere europäische Länder unter der Last hoher Arbeitslosenzahlen ächzen, präsentiert sich der deutsche Arbeitsmarkt in robuster Verfassung. Selbst das Ziel „Vollbeschäftigung" scheint inzwischen keine ferne Utopie mehr zu sein. Was sind die Gründe für dieses Jobwunder? Wie nach- 5 haltig ist es, und welche Probleme müssen noch gelöst werden, ehe die Vollbeschäftigung wirklich in greifbare Nähe rücken kann?

Der Wirtschaftsaufschwung in Deutschland ist auch am Arbeitsmarkt angekommen: Im Jahresdurchschnitt 2011, so die 10 Schätzungen der Bundesagentur für Arbeit, wird die Arbeitslosenrate in der Bundesrepublik unter der Drei-Millionen-Grenze liegen. Wird mit dieser Zahl aber die tatsächliche Höhe der Arbeitslosigkeit akkurat wiedergegeben? Kritiker verweisen mit Recht darauf, dass diese eher bei vier Millionen 15 liegen dürfte. Denn nicht nur Erwerbslose, die das Jobcenter zu privaten Arbeitsvermittlern schickt, fallen aus der Statistik heraus. Auch 200 000 sogenannte Ein-Euro-Jobber gelten als Erwerbstätige, obwohl sie von Arbeitslosenunterstützung leben und ihre Beschäftigung sie in der Regel nicht näher an 20 den ersten, den regulären Arbeitsmarkt heranführt.

Erfolge
Und dennoch: Die Arbeitslosenquote in Deutschland liegt derzeit so niedrig wie seit fast 20 Jahren nicht mehr, selbst wenn die versteckten Arbeitslosen mitgezählt werden. Der si- 25 gnifikante Rückgang der Quote ist folglich keine Zahlenspielerei, sondern Ausdruck tatsächlicher Erfolge. Zum Vergleich: Im Jahr 1997 war der Stellenmangel am größten. Damals waren 6,5 Millionen Bundesbürger offiziell oder verdeckt arbeitslos. 30

Hohe Beschäftigung trotz Krise
Wie aber war es möglich, dass der tiefe Wirtschaftseinbruch 2009 vergleichsweise wenige Spuren am Arbeitsmarkt hinterlassen hat und der Beschäftigungsaufbau nur kurze Zeit später wieder mit hohem Tempo vonstattengehen kann? Dies 35 hatte und hat vor allem mit der hohen Wettbewerbsfähigkeit der deutschen Wirtschaft zu tun. Die Krise 2009 war keine Krise infolge veralteter oder falscher Produktionstechnologien auf der Angebotsseite der Wirtschaft; genauso wenig war sie auf zu hohe Lohnkosten zurückzuführen, die die Pro- 40 duktion übermäßig verteuert hätten. Sie war nachfrageseitig, d.h., die Nachfrage aus dem Ausland war plötzlich und dramatisch eingebrochen. Die Entscheidung der damaligen Bundesregierung, die Möglichkeiten zur Kurzarbeit nachhaltig auszubauen, konnte daher auf fruchtbaren Boden fallen 45 – die Unternehmen wollten ihre produktiven Mitarbeiter behalten und für eine wieder anziehende Nachfrage gewappnet sein.

Damit verlief die Anpassung an das eingebrochene Bruttoinlandsprodukt erstmals in der Geschichte der Bundesrepub- 50 lik fast ausschließlich über eine Reduzierung der geleisteten Arbeitsstunden je Erwerbstätigem und der Produktivität je Stunde. Die Arbeitskräfte selbst wurden großenteils in den Betrieben gehalten; die Zahl der entlassenen Personen konnte durch neue Beschäftigungsverhältnisse in den Dienstleis- 55 tungsbranchen beinahe vollständig kompensiert werden.

Reformen zahlen sich aus

Mit der ab 2010 einsetzenden wirtschaftlichen Erholung wurde nicht nur die Kurzarbeit wieder stark zurückgeführt;
60 darüber hinaus hat sich auch der Beschäftigungsaufbau aus den Jahren bis 2008 weiter fortgesetzt – und das obwohl die Unternehmen über massive Puffer bei der Arbeitszeit und der Produktivität verfügten. In früheren Aufschwüngen fand der Beschäftigungsausbau dagegen erst mit einiger zeitlicher
65 Verzögerung statt; zudem wurde die in der Rezession entstandene Arbeitslosigkeit meist nur zum Teil wieder abgebaut. Durch die Reformen der vergangenen Jahre, insbesondere die Hartz-Gesetzgebung, aber auch durch die moderate Lohnpolitik, scheint dieses Muster durchbrochen. Regelun-
70 gen, die der Schaffung von neuer Beschäftigung entgegenstanden, sind zum Teil abgeschafft oder abgeschwächt worden. In Zeiten einer pulsierenden Weltwirtschaft, in der auf Hightech und Qualität wieder großer Wert gelegt wird, führt die Nachfrage nach in Deutschland hergestellten Erzeugnis-
75 sen zum Aufbau neuer Arbeitsplätze. Im Jahresdurchschnitt 2011 dürfte die Erwerbstätigkeit bei 40,84 Millionen liegen – der höchste Stand in der Geschichte der Bundesrepublik.

Bei den in den letzten Jahren neu entstandenen Jobs handelt es sich zu einem großen Teil um sozialversicherungs-
80 pflichtige und unbefristete Vollzeitstellen – entgegen der weit verbreiteten Annahme, es würden überwiegend prekäre Beschäftigungsverhältnisse entstehen. Zwischen 1996 und 2005 verschwanden tatsächlich viele traditionelle Stellen. Doch seitdem, selbst in Zeiten der Wirtschaftskrise, wurden
85 wieder mehr normale Arbeitsverträge geschlossen. Nach Angaben der Bundesagentur für Arbeit entstanden zuletzt innerhalb von zwölf Monaten 430 000 sozialversicherungspflichtige Vollzeitjobs. Im Jahresdurchschnitt 2011 dürfte die geringfügige Beschäftigung als Folge der guten Konjunktur
90 um 70 000 auf 5,82 Millionen sinken.

Auf dem Weg zur Vollbeschäftigung?

Wird der gegenwärtig zu beobachtende Trend anhalten und die Arbeitslosigkeit damit weiter abgebaut werden können? Rückt gar das Ziel Vollbeschäftigung in Reichweite? Immer-
95 hin liegt die Arbeitslosenquote in rund 100 von 412 Kreisen und kreisfreien Städten bereits unter 4 Prozent – ein Wert, der im Allgemeinen als Schwelle zur Vollbeschäftigung gilt, da ein gewisses Maß an Arbeitslosigkeit beim Stellenwechsel, Berufsstart oder Wiedereinstieg als unvermeidlich
100 angesehen wird. Eine bundesweite Arbeitslosenquote bzw. Unterbeschäftigungsquote von 5 Prozent bis zum Jahr 2019 wird von Experten als möglich erachtet, allerdings nur, wenn die deutsche Wirtschaft bis zum Jahr 2019 schneller wächst als im langfristigen Durchschnitt und vor allem wenn es ge-
105 lingt, Langzeitarbeitslose, Alleinerziehende und Migranten besser in den Arbeitsmarkt zu integrieren. Hier offenbart der deutsche Arbeitsmarkt noch erhebliche Schwächen.

Ausblick

Angesichts der überwiegend günstigen Konjunkturaus-
110 sichten für das kommende Jahr wird mit einer abgeschwächten Fortsetzung der guten Entwicklung am Arbeitsmarkt gerechnet. Unklar ist allerdings, inwiefern die Auswirkungen der Agenda-2010-Reformen den Arbeitsmarkt noch weiter voranbringen können. Eine weitere spürbare Senkung der

Arbeitslosigkeit im Tempo der letzten 12 Monate dürfte auch 115 deshalb schwerfallen, weil die in Beschäftigungslosigkeit verbliebenen Personen im Durchschnitt vergleichsweise schlechte Beschäftigungschancen aufweisen.

Bundesverband deutscher Banken: Im Fokus – Der deutsche Arbeitsmarkt, in: Schul/Bank Newsletter Juni/Juli 2011, S. 4–5

M 7 Arbeitslos in Deutschland

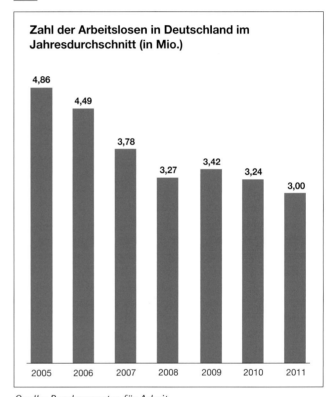

Quelle: Bundesagentur für Arbeit

ARBEITSAUFTRÄGE

1. Beschreiben Sie die Entwicklung des deutschen Arbeitsmarktes in den Jahren 2005 bis 2011!

2. Fassen Sie die Aussagen der Autoren in den Materialien dieses Abschnitts zu den Ursachen der Entwicklung des deutschen Arbeitsmarktes im betrachteten Zeitraum thesenartig zusammen!

3. Nehmen Sie Stellung dazu, ob man von einem deutschen „Jobwunder" in der Krise sprechen kann!

3.1 Friedensbegriffe nach Hobbes, Kant und Senghaas

M 1 Thomas Hobbes: Leviathan (1651)

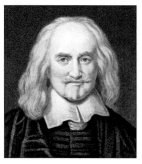

*Thomas Hobbes,
*05.04.1588, † 04.12.1679,
engl. Staatstheoretiker und
Philosoph, Begründer der Theorie des Gesellschaftsvertrages*

**Kapitel 13: Von der natür-
lichen Bedingung der Men-
schen im Hinblick auf ihr
Glück und Unglück**

5 *Abb. 42.1: Thomas Hobbes*   So liegen also in der menschlichen Natur drei hauptsächliche
Konfliktursachen: Erstens Konkurrenz, zweitens Misstrauen,
drittens Ruhmsucht. Die erste führt zu Übergriffen der Menschen des Gewinnens, die zweite der Sicherheit und die dritte
des Ansehens wegen. Die ersten wenden Gewalt an, um sich
10 zum Herren über andere Männer und deren Frauen, Kinder
und Vieh zu machen, die zweiten, um dies zu verteidigen,
und die dritten wegen Kleinigkeiten wie ein Wort, ein Lä-
cheln, eine verschiedene Meinung oder jedes andere Zeichen
von Geringschätzung, das entweder direkt gegen sie selbst
15 gerichtet ist oder in einem Tadel ihrer Verwandtschaft, ihrer
Freunde, ihres Volks, ihres Berufs oder ihres Namens besteht.
Daraus [ergibt] sich klar, dass die Menschen während der Zeit,
in der sie ohne eine allgemeine, sie alle im Zaum haltende
20 Macht leben, sich in einem Zustand befinden, der Krieg genannt wird, und zwar in einem Krieg eines jeden gegen jeden. Denn Krieg besteht nicht nur in Schlachten oder Kampfhandlungen, sondern in einem Zeitraum, in dem der Wille
zum Kampf genügend bekannt ist. [...]
25 Deshalb trifft alles, was Kriegszeiten mit sich bringen, in denen jeder eines jeden Feind ist, auch für die Zeit zu, während
der die Menschen keine andere Sicherheit haben [als die],
die ihnen ihre eigene Stärke und Erfindungskraft bieten. In
einer solchen Lage ist für Fleiß kein Raum, da man sich seiner
30 Früchte nicht sicher sein kann; und folglich gibt es keinen
Ackerbau, keine Schifffahrt, keine Waren, die auf dem See-
weg eingeführt werden können, keine bequemen Gebäude,
keine Geräte, um Dinge, deren Fortbewegung viel Kraft erfordert, hin- und herzubewegen, keine Kenntnis von der Erd-
35 oberfläche, keine Zeitrechnung, keine Künste, keine Literatur,
keine gesellschaftlichen Beziehungen, und es herrscht, was
das Schlimmste von allem ist, beständige Furcht und Gefahr
eines gewaltsamen Todes – das menschliche Leben ist einsam,
armselig, ekelhaft, tierisch und kurz [...].
40 Zu allen Zeiten [befinden sich] Könige und souveräne Machthaber aufgrund ihrer Unabhängigkeit in ständigen Eifersüch-
teleien und verhalten sich wie Gladiatoren: Sie richten ihre
Waffen gegeneinander und lassen sich nicht aus den Au-
gen – das heißt, sie haben ihre Festungen, Garnisonen und
45 Geschütze an den Grenzen ihrer Reiche und ihre ständigen

Spione bei ihren Nachbarn. Das ist eine kriegerische Haltung.
Weil sie aber dadurch den Fleiß ihrer Untertanen fördern, so
folgt daraus nicht dieses Elend, das die Freiheit von Einzel-
menschen begleitet.
50 Eine weitere Folge eines Krieges jeder gegen jeden ist, dass
nichts ungerecht sein kann. Die Begriffe von Recht und Unrecht, Gerechtigkeit und Ungerechtigkeit haben hier keinen
Platz. Wo keine allgemeine Gewalt ist, ist kein Gesetz, wo
kein Gesetz, keine Ungerechtigkeit. Gewalt und Betrug sind
im Krieg die beiden Kardinaltugenden. [...] 55
Die Leidtragenden, die die Menschen friedfertig machen, sind
Todesfurcht, das Verlangen nach Dingen, die zu einem ange-
nehmen Leben notwendig sind, und die Hoffnung, sie durch
Fleiß erlangen zu können. Und die Vernunft legt die geeigne-
ten Grundsätze des Friedens nahe, aufgrund derer die Men- 60
schen zur Übereinstimmung gebracht werden können. [...]

**Kapitel 17: Von den Ursachen, der Erzeugung und der
Definition des Staates**
Die Menschen, die von Natur aus Freiheit und Herrschaft
über andere lieben, führten die Selbstbeschränkung, unter 65
der sie, wie wir wissen, in Staaten leben, letztlich allein mit
dem Ziel und der Absicht ein, dadurch für ihre Selbsterhal-
tung zu sorgen und ein zufriedeneres Leben zu führen – das
heißt, dem elenden Kriegszustand zu entkommen, der [...] aus
den natürlichen Leidenschaften der Menschen notwendig 70
folgt, dann nämlich, wenn es keine sichtbare Gewalt gibt, die
sie im Zaume zu halten und durch Furcht vor Strafe an die Erfüllung ihrer Verträge und an die Beachtung der natürlichen
Gesetze zu binden vermag [...].
Denn die natürlichen Gesetze wie Gerechtigkeit, Billigkeit, 75
Bescheidenheit, Dankbarkeit, kurz, das Gesetz, andere so zu
behandeln, wie wir selbst behandelt werden wollen, sind an
sich, ohne die Furcht vor einer Macht, die ihre Befolgung
veranlasst, unseren natürlichen Leidenschaften entgegen-
gesetzt, die uns zur Parteilichkeit, Hochmut, Rachsucht und 80
Ähnlichem verleiten. [...] Falls keine Zwangsgewalt errichtet
worden oder diese für unsere Sicherheit nicht stark genug
ist, wird und darf deshalb jedermann sich rechtmäßig zur Sicherung gegen alle anderen Menschen auf seine eigene Kraft
und Geschicklichkeit verlassen. [...] 85
Der alleinige Weg zur Errichtung einer solchen allgemeinen
Gewalt [...] liegt in der Übertragung ihrer gesamten Macht
und Stärke auf einen Menschen oder eine Versammlung von
Menschen, die ihre Einzelwillen durch Stimmenmehrheit auf
einen Willen reduzieren können. 90
Das heißt soviel wie einen Menschen oder eine Versammlung
von Menschen bestimmen, die deren Person verkörpern sollen, und bedeutet, dass jedermann alles als eigen anerkennt,
was derjenige, der auf diese Weise seine Person verkörpert,
in Dingen des allgemeinen Friedens und der allgemeinen Si- 95
cherheit tun oder veranlassen wird, und sich selbst als Autor
alles dessen bekennt und dabei den eigenen Willen und das

eigene Urteil seinem Willen und Urteil unterwirft. Dies ist mehr als Zustimmung oder Übereinstimmung:

100 Es ist eine wirkliche Einheit aller in ein und derselben Person, die durch Vertrag eines jeden mit jedem zustande kam, als hätte jeder zu jedem gesagt: Ich autorisiere diesen Menschen oder diese Versammlung von Menschen und übertrage ihnen mein Recht, mich zu regieren, unter der Bedingung, dass du

105 ihnen ebenso dein Recht überträgst und alle ihre Handlungen autorisierst. Ist dies geschehen, so nennt man diese zu einer Person vereinte Menge Staat, auf lateinisch Civitas. Dies ist die Erzeugung jenes großen Leviathan oder besser, um es ehrerbietiger auszudrücken, jenes sterblichen Gottes, dem wir

110 unter dem unsterblichen Gott unseren Frieden und Schutz verdanken. [...] Wer diese Person verkörpert, wird →Souverän genannt und besitzt, wie man sagt, höchste Gewalt, und jeder andere daneben ist sein Untertan. [...]

Thomas Hobbes: Leviathan, Suhrkamp, Frankfurt/Main 1992, S. 95–98, 131–135

M2 Thomas Hobbes: Leviathan (1651)
Bildausschnitt des Buchdeckels

„Non est potestas super terram quae comparetur ei, Hiob 41,25" – „Auf Erden kann man nichts mit ihm vergleichen (so furchtlos ist kein anderes Geschöpf)."

Abb. 43.1: Hobbes' „Leviathan"

M3 Immanuel Kant: Zum ewigen Frieden

Abb. 43.2: Immanuel Kant

Immanuel Kant, *22.04.1724, † 12.02.1804, dt. Philosoph und einer der bedeutendsten Denker der Aufklärung und Neuzeit

Erster Definitivartikel: Die bürgerliche Verfassung in jedem Staat soll republikanisch sein.
Die erstlich nach den Prinzipien
5 der Freiheit der Glieder einer Gesellschaft (als Menschen);

zweitens nach den Grundsätzen der Abhängigkeit aller von einer einzigen gemeinsamen Gesetzgebung (als Untertanen); und drittens, die nach dem Gesetz der Gleichheit derselben (als Staatsbürger) gestiftete Verfassung – [...] auf der alle 10 rechtliche Gesetzgebung eines Volkes gegründet sein muss – ist die republikanische. Diese ist also [...] diejenige, welche allen Arten der bürgerlichen Constitution ursprünglich zum Grunde liegt; und nun ist nur die Frage: Ob sie die einzige ist, die zum ewigen Frieden hinführen kann? [...] 15

Wenn [...] die Bestimmung der Staatsbürger dazu erfordert wird, um zu beschließen, „ob Krieg sein soll, oder nicht", so ist nichts natürlicher, als dass, da sie alle Drangsale des Krieges über sich selbst beschließen müssten (als da sind: selbst zu fechten, die Kosten des Krieges aus ihrer eigenen Habe 20 herzugeben, die Verwüstung, die er hinter sich lässt, kümmerlich zu verbessern [...]), sie sich sehr bedenken werden, ein so schlimmes Spiel anzufangen: Da hingegen in einer Verfassung, wo der Untertan nicht Staatsbürger, die also nicht republikanisch ist, es [Krieg] die unbedenklichste Sa- 25 che von der Welt ist, weil das Oberhaupt nicht Staatsgenosse, sondern Staatseigentümer ist, an seinen Tafeln, Jagden und Lustschlössern [...] durch den Krieg nicht das Mindeste einbüßt, diesen also wie eine Lustpartie aus unbedeutenden Ursachen beschließen [...] kann [...]. 30

Zweiter Definitivartikel: Das Völkerrecht soll auf einem →Föderalismus freier Staaten gegründet sein.
[...] Da die Art, wie die Staaten ihr Recht verfolgen, nie, wie bei einem äußeren Gerichtshofe, der Prozess, sondern nur der Krieg sein kann, durch diesen aber und seinen günsti- 35 gen Ausschlag, den Sieg, das Recht nicht entschieden wird, [...] indessen dass doch die Vernunft, vom Throne der höchsten moralisch gesetzgebenden Gewalt herab, den Krieg als Rechtsgang schlechterdings verdammt, den Friedenszustand dagegen zur unmittelbarsten Pflicht macht, welcher doch, 40 ohne einen Vertrag der Völker unter sich, nicht gesichert oder gestiftet werden kann – so muss es einen Bund von besonderer Art geben, den man Friedensbund [...] nennen kann, der vom Friedensvertrag [...] darin unterschieden sein würde, dass dieser bloß einen Krieg, jener aber alle Kriege auf immer 45 zu endigen suchte [...].

Die Ausführbarkeit [...] dieser Idee der Föderalität, die sich allmählich über alle Staaten erstrecken soll und zum ewigen Frieden hinführt, lässt sich darstellen. Denn wenn das Glück es so fügt, dass ein mächtiges und aufgeklärtes Volk sich zu 50 einer →Republik [...] bilden kann, so gibt diese einen Mittelpunkt der föderativen Vereinigung für andere Staaten ab, um sich an sie anzuschließen und so den Freiheitszustand der Staaten [...] zu sichern und sich durch mehrere Verbindungen dieser Art nach und nach immer weiter auszubreiten. 55

nach Immanuel Kant: Zum ewigen Frieden, aufgerufen unter www.uni-kassel.de/fb5/frieden/themen/Theorie/kant.html am 17. Januar 2013

M4 Das „zivilisatorische Hexagon"

27.08.1940, Politologe und Konfliktforscher, 1978–2005 Professor für Internationale Politik an der Universität Bremen

Wo zivilisierte Politik zur Zivilisierung des Zusammenlebens der Menschen innerhalb von modernen Gesellschaften beiträgt, wird ein solches Projekt idealiter von den folgenden sechs Sachverhalten gekennzeichnet:

Abb. 44.1: Dieter Senghaas

1. Entprivatisierung von Gewalt (Gewaltmonopol):

10 Wesentlich für jeden Zivilisierungsprozess ist die Entprivatisierung der Gewalt bzw. die Herausbildung eines legitimen, in aller Regel staatlichen Gewaltmonopols, dem die Einzelnen untergeordnet sind („Entwaffnung der Bürger"). Wo das Gewaltmonopol zusammenbricht, also die Wiederaufrüstung und 15 Wiederbewaffnung der einzelnen Bürger eine Chance bekommen, findet statt, was in der neueren Diskussion im Hinblick auf entsprechende Vorgänge als „Libanisierung" bzw. „Jugoslawisierung" politischen Konfliktverhaltens bezeichnet wird, nämlich die Renaissance von Bürgerkriegssituationen.

20 2. Kontrolle des Gewaltmonopols und Herausbildung von Rechtsstaatlichkeit (Verfassungsstaat):

Ein Gewaltmonopol, das nicht durch Rechtsstaatlichkeit eingehegt wird, wäre im Grenzfall nichts mehr als eine beschönigende Umschreibung von →Diktatur. [...] Soll demgegenüber 25 das Gewaltmonopol als legitim akzeptiert werden, bedarf es der Institutionalisierung rechtsstaatlicher Prinzipien und öffentlicher demokratischer Kontrolle, auf deren Grundlage sich Konflikte in einem institutionellen Rahmen fair austragen lassen. Rechtsstaatlich verfasste politische Ordnungen 30 hegen das Gewaltmonopol ein. [...] Überdies zeichnen sich solche politischen Ordnungen auch im gesellschaftlichen Bereich durch eine Fülle von institutionalisierten Formen der Konfliktartikulation, des Konfliktmanagements, der Konfliktregelung und der Konfliktlösung aus. Konflikte jedweder 35 Art, seien es Interessen- oder Identitätskonflikte, werden dabei von vornherein als „normal" und legitim erachtet [...]

3. Interdependenzen und Affektkontrolle:

Die Entprivatisierung von Gewalt („die Entwaffnung der Bürger") und die Sozialisation in eine Fülle von institutionalisierten 40 Konfliktregelungen implizieren eine Kontrolle von Affekten. [...] Affektkontrolle [...] ist Grundlage nicht nur von Aggressionshemmung und Gewaltverzicht, sondern darauf aufbauend von Toleranz und Kompromissfähigkeit. [...]

4. Demokratische Beteiligung:

45 In politisierbaren Gemeinschaften müssen Interessen auf breiter Front artikulationsfähig und in den gängigen politischen Prozess integrierbar sein. Je offener und flexibler dabei das rechtsstaatlich-demokratische Institutionsgefüge ist, umso belastungsfähiger wird es bei anhaltenden und möglicher50 weise sich ausweitenden politischen Anforderungen sein. [...]

5. Soziale Gerechtigkeit:

[...] In Gesellschaften mit einem erheblichen Politisierungspotenzial ist eine aktive Politik der Chancen- und Verteilungsgerechtigkeit, letztlich ergänzt um Maßnahmen der Bedürfnisgerechtigkeit (Sicherung der Grundbedürfnisse), 55 unerlässlich, weil nur dann sich die Mehrzahl der Menschen in einem solchen politischen Rahmen fair behandelt fühlt. Die materielle Anreicherung von Rechtsstaatlichkeit, insbesondere im Sinne eines Anteils an Wohlfahrt, ist also nicht eine politische Orientierung, der in solchen Gesellschaften 60 nach Belieben gefolgt werden kann oder auch nicht; sie ist vielmehr eine konstitutive Bedingung der Lebensfähigkeit von rechtsstaatlichen Ordnungen und damit des inneren Friedens. Rechtsstaatlich verfasste Gesellschaften tun deshalb gut daran, die Frage der Gerechtigkeit niemals zur Ruhe 65 kommen zu lassen, zumal wenn die ihnen zugrunde liegenden Ökonomien, in der Regel Marktwirtschaften, systembedingt eher Ungleichheit als Gleichheit produzieren.

6. Konstruktive politische Konfliktkultur:

Gibt es in einer aufgegliederten, aber deshalb auch zerklüf- 70 teten Gesellschaft faire Chancen für die Artikulation und den Ausgleich von unterschiedlichen Interessen, kann unterstellt werden, dass ein solches Arrangement verlässlich verinnerlicht wird, eine Bereitschaft zur produktiven Auseinandersetzung mit Konflikten vorliegt und kompromissorientierte 75 Konfliktfähigkeit einschließlich der hierfür erforderlichen Toleranz zu einer selbstverständlichen Orientierung politischen Handelns wird. Dann kann noch ein weiterer Faktor hinzutreten: Das Gewaltmonopol und die Rechtsstaatlichkeit werden in politischer Kultur verankert, denn ohne diese blieben bei- 80 de ohne emotionale Grundlage. Die materiellen Leistungen („soziale Gerechtigkeit") erweisen sich dabei als eine wichtige Brücke zwischen dem Institutionengefüge und dessen positiver emotionaler Absicherung („Bürgergesinnung"). [...]

Dieter Senghaas: Frieden als Zivilisierungsprojekt, in: ders. (Hrsg.): Den Frieden denken, Suhrkamp, Frankfurt/Main 1995, S. 198ff.

ARBEITSAUFTRÄGE

1. *Beschreiben Sie das Menschenbild von Thomas Hobbes!*

2. *Erläutern Sie, wie sich nach Hobbes ein Staatswesen entwickelt!*

3. *Beschreiben und interpretieren Sie den Buchdeckel des „Leviathan"!*

4. *Diskutieren Sie, ob die Anti-Terrorgesetze nach dem 11. September 2001 im Sinne von Hobbes erklärbar sind!*

5. *Erklären Sie, weshalb nach Kant die Republik die Staatsform ist, die zum Frieden führt!*

6. *Erörtern Sie, ob die UNO der „Idee der Föderalität" nach Kant entspricht und damit „ewiger Frieden" zu erreichen ist!*

7. *Fassen Sie die sechs Bausteine eines friedlichen Zusammenlebens nach Senghaas zusammen!*

8. *Überprüfen Sie an aktuellen Beispielen, ob der Verlust eines oder mehrerer Bausteine ein zivilisiertes Zusammenleben zerstört!*

3.2 Globale Ressourcen und Ressourcensicherung: Beispiel Afrika

M1 Der Wettlauf um Afrika

Afrika – das war noch lange nach dem Ende der kolonialen Herrschaften vor allem eine europäische Angelegenheit, mit
5 zwei Komponenten: Rohstoffe in die eine Richtung, Entwicklungshilfe in die andere. In den letzten zehn Jahren hat es hier zwei enorme Verschiebungen
10 gegeben: Nicht nur die USA und China sind massiv in das Rennen um Afrikas Ressourcen eingestiegen, auch Indien und Brasilien strecken als aufstre-
15 bende Mächte ihre Finger aus. Und es kam eine wesentliche Komponente hinzu: Sicherheit. Für die USA vor allem beim Thema Terrorismus, für Europa
20 auch wegen des wachsenden Flüchtlingsansturms.

- **USA.** Mit der erstmaligen Einrichtung eines eigenen Afrika-Kommandos
25 (→**Africom**), das 2008 seinen Dienst aufnahm, hat noch die Regierung Bush unmissverständlich die gestiegene Bedeutung des Kontinents
30 für die US-Interessen klargemacht. Von Beginn an wollte Washington dabei den Ein-

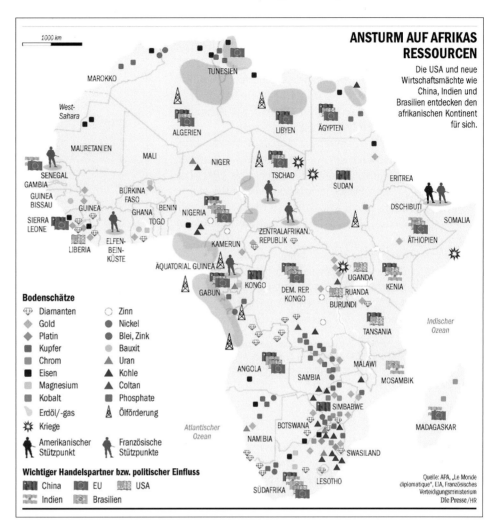

Abb. 45.1: Ressourcen und politische Einflussnahme in Afrika

druck vermeiden, Ziel sei die Stationierung größerer Soldatenkontingente. Stattdessen sollte es Hilfe und Training für
35 „befreundete" Armeen geben.

Das passiert quer durch den Kontinent: Zu den wichtigsten Verbündeten zählt neben Ruanda und Uganda Äthiopien, wegen der Nähe zu Somalia. Mit Unterstützung der Bush-Regierung waren äthiopische Truppen Ende 2006 in
40 Somalia einmarschiert. Sie vertrieben die Islamisten zwar temporär von der Macht, mussten sich aber wieder zurückziehen. Im Rahmen einer Trans-Sahara-Partnerschaft zur Terrorabwehr will Africom die militärischen Kapazitäten von Ländern wie Mauretanien, Mali, Tschad, Burkina Faso
45 und Niger ausbauen, unter Einbindung der Maghreb-Staaten Marokko, Algerien und Tunesien.

Dass es beim wachsenden US-Engagement in Afrika auch um den Zugang zu gewaltigen Rohstoffreserven geht, zeigt der Golf von Guinea: Ein Viertel des Erdölbedarfs wollen
50 die USA 2015 in Afrika decken, den Löwenanteil in Westafrika, teilweise offshore [engl.: küstennah]. Daher gibt es auch hier ein maritimes militärisches Trainingsprogramm.

- **Europäische Union.** Mit großer Geste wurde im Dezember 2007 eine neue EU-Afrika-Partnerschaft vereinbart.
55 Greifbare Resultate gibt es bisher kaum. Während sich die afrikanischen Staaten zusätzliches Geld erhofften, wollen die Europäer vor allem bestehende Mittel umschichten. Während China in Afrika ein Infrastrukturprojekt nach dem anderen realisiert, tritt Europa als Gemeinschaft auf der Stelle und droht ins Hintertreffen zu geraten. Auf dem 60 Gebiet „Frieden und Sicherheit" gibt es mit der EU-Marine-Mission Atalanta, die die Piraterie vor Somalia bekämpft, immerhin einen Erfolg. [...]

- **China.** Die Führung in Peking hat den afrikanischen Kontinent schon vor vielen Jahren als wichtigen Absatzmarkt für 65 Chinas Produkte und als Rohstofflieferanten ausgemacht. Chinesische Firmen buhlen in Ländern wie Nigeria und der Demokratischen Republik Kongo sowie am Golf von Guinea mit Europäern und Amerikanern um den Zugang zu Ressourcen. Gleichsam als Gegengeschäft für Verträge zur 70 Rohstoffausbeutung errichten chinesische Firmen die lokale Infrastruktur, bauen etwa im Kongo mit einem Heer an chinesischen Arbeitskräften Straßen auch in abgelegene Gebiete.

Peking versucht, in Ländern Fuß zu fassen, die im Westen 75 als Paria-Staaten gelten, etwa in Simbabwe und im Sudan. Sudans Regime kann sich auch auf die politische Hilfe Pekings verlassen. So verhinderte China im UN-Sicherheitsrat mehrmals schärfere Maßnahmen gegen Sudans Führung wegen der Verbrechen in Darfur. 80

- **Indien.** China ist nicht die einzige aufstrebende Wirtschaftsmacht, die der schier unersättliche Hunger nach Rohstoffen nach Afrika getrieben hat. Es hat einen neuen Mitbewerber, nämlich Indien. [Indien] importiert vor allem
85 Erdöl aus Nigeria und exportiert Maschinen und Textilien in zahlreiche afrikanische Länder. Besonders regen Handel treibt es mit Südafrika, wo eine große indische Community lebt. Indische Landwirtschaftsunternehmen haben hunderttausende Hektar Farmland in Ländern wie Äthiopien,
90 Kenia, Madagaskar und Mosambik aufgekauft.
- **Brasilien.** Vor einigen Jahren ist auf dem afrikanischen Kontinent mit Brasilien ein weiterer Player eingestiegen. Mehr als zehn Mal ist Brasiliens Präsident [bis 2011] Luiz Inázio Lula da Silva bisher in verschiedenste afrikanische
95 Länder gereist. Brasilianische Firmen liefern sich bereits mit Konzernen aus China und Indien ein Wettrennen um Rohstoffe.
Brasiliens Interessen gelten vor allem Staaten, die früher ebenfalls portugiesische Kolonien waren, wie etwa Mo-
100 sambik und Angola. Zudem investieren brasilianische Ölkonzerne und Bergwerksunternehmen in Nigeria, Südafrika und im Kongo.

Wieland Schneider, Helmar Dumbs: Das Spiel der Großmächte um Afrika vom 08. August 2010, aufgerufen unter http://diepresse.com/home/politik/aussenpolitik/586306/print.do am 7. April 2013

M2 China und Afrika

Der Handel zwischen China und Afrika boomt. Es sind nicht mehr nur die Chinesen, die auf dem afrikanischen Kontinent Erze und Öl gewinnen und den ganzen Kontinent mit einem Straßennetz und neuen Häfen versehen, damit sie die Roh-
5 stoffe in die Volksrepublik verschiffen können.
Der Handel verläuft zunehmend wechselseitig. Zwischen 100 000 [und] 200 000 afrikanische Kleinhändler bevölkern allein die Gegenden um die Kleidermärkte von Guangzhou im Perlflussdelta und Wuxi, einer weiteren Hochburg der chine-
10 sischen Textilindustrie am Unterlauf des Yangtse-Flusses. [...]
Seit der Jahrtausendwende hat China den Handel mit Afrika um durchschnittlich 32 Prozent im Jahr gesteigert. So vermeldet das Erdölland Angola im
15 ersten Quartal 2012 einen Anstieg des Handels mit China um 40,5 Prozent im Vergleich zum Vorjahr. Zwischen Mosambik und der Volksrepublik liegt der Zuwachs bei 45,8 Prozent. Den größten Anstieg weist mit 68,67 Prozent Guinea-Bissau in Westaf-
20 rika auf. Insgesamt hat sich das Handelsvolumen nach Angaben aus Peking zwischen 2006 und 2011 auf zuletzt 166 Milliarden Dollar verdreifacht. Damit hat China die USA als größter Handelspartner Afrikas abgelöst.
25 Das zeigen auch die Wanderungsströme: Das Sino-Afrikanische Informationsportal geht davon aus, dass sich 2011 mehr als eine Million Chinesen in Afrika aufgehalten haben. Allein im südafrikanischen Kapstadt leben über 10 000 Chinesen, um
30 den Handel in der Volksrepublik zu koordinieren.
Die Industriestaaten in Europa und den USA

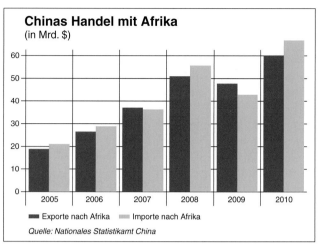

Abb. 46.1: Chinas Handel mit Afrika

schauen mit Argwohn auf diese Handelsachse Afrika-Fernost, durch die ihre eigenen Unternehmen abgehängt zu werden drohen. Nichtregierungsorganisationen werfen den Chinesen vor, sie seien nur an den Bodenschätzen interessiert, 35 aber weder an Umweltschutz oder Menschenrechten noch an einer wirklichen Entwicklung des Kontinents. Der angolanische Ökonom José Cerqueira widerspricht: „Für die westlichen Entwicklungshelfer sollen wir Ohren haben, aber keinen Mund." Mit den chinesischen Geschäftsleuten hingegen werde 40 knallhart verhandelt – das jedoch auf Augenhöhe. China habe den armen Ländern die Hoffnung gegeben, einen eigenen Weg zu finden, glaubt der angolanische Ökonom. [...] Angeführt wird der lange Marsch nach Afrika vom chinesischen Staat. 80 Prozent der Investitionen kommen von 45 Staatsunternehmen – vor allem aus der Rohstoffbranche. Chinas Führung widerlegt zudem immer wieder die Kritik aus dem Westen. Allein auf dem jüngsten China-Afrika-Gipfel Ende der Woche hat Chinas Präsident [bis 2013] Hu Jintao versprochen, die Entwicklungshilfe in den kommenden drei 50 Jahren auf 20 Milliarden US-Dollar zu erhöhen. Damit verdoppelt China seine Zusagen im Vergleich zu 2009.

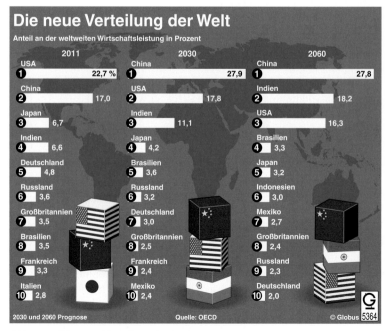

Abb. 46.1: Die neue Verteilung der Welt

Das Geld solle Infrastrukturprojekten, Investitionen in die Landwirtschaft und der Entwicklung kleiner
55 Unternehmen dienen, kündigte Hu an. Den Bau von Hunderten von Schulen, Krankenhäusern, Sporthallen und unter anderem auch der neuen Zentrale der Afrikanischen Union in Addis Abeba hat Peking bereits finanziert.

60 Vor allem den USA ist diese Entwicklung ein Dorn im Auge. Die Befürchtung, dass es in Afrika früher oder später zu Stellvertreterkriegen zwischen den USA und China komme, sei „absolut realistisch", sagt Holger Rogall, Ökonom an der Berliner Hoch-
65 schule für Wirtschaft und Recht.

Felix Lee: Handel zwischen China und Afrika boomt, vom 23. Juli 2012, aufgerufen unter www.taz.de/! 97841/ am 02. Januar 2013

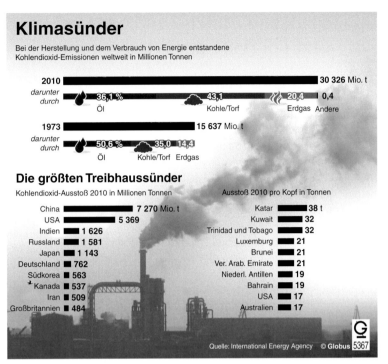

Abb. 47.1: Klimasünder

M3 Die USA und Afrika

US-Außenministerin [bis 2013] Clinton versucht auf ihrer Reise, die Politik ihres Chefs zu verkaufen. Auch Präsident Barack Obama genoss einst in Afrika eine fast ikonenhafte Verehrung. Immerhin
5 ist er der erste dunkelhäutige US-Präsident – ein gewaltiger Schritt im Ringen einer jahrhundertelang diskriminierten Bevölkerungsgruppe um Gleichberechtigung. Und Obamas Vater stammt aus Kenia. Im Vergleich zu den großen Hoffnungen, die man in Obama setzte, blieb der bisherige
10 Output der US-Afrikapolitik jedoch bescheiden.

Nun hat Obama einen neuen Anlauf genommen. Mitte Juni stellte er eine neue Strategie für Afrika südlich der Sahara vor. Der Handel zwischen afrikanischen Staaten und den USA soll verstärkt werden. Washington will helfen, demo-
15 kratische Institutionen zu stärken und die Zusammenarbeit im Bereich „Frieden und Sicherheit" intensivieren. Ehrgeizige Vorhaben, die erst mit Leben erfüllt werden müssen. In Hinblick auf „Frieden und Sicherheit" konnte US-Außenministerin Clinton auf ihrer Afrikareise einen kleinen Erfolg
20 erzielen. Der Sudan und der neue Staat Südsudan, der sich vor einem Jahr vom Rest des Landes abgespalten hatte, verständigten sich am Wochenende auf eine Transitgebühren-Regelung für Erdöl. Clinton hatte zuvor im Südsudan eine Einigung mit dem Norden gefordert. Der Großteil der suda-
25 nesischen Ölverkommen befindet sich im Südsudan, transportiert muss das Öl aber über Pipelines im Norden werden. Der Streit um die Erlöse der Erdölförderung ist einer der Konfliktpunkte, der in den vergangenen Monaten zu schweren Gefechten zwischen Nord- und Südsudan geführt hat.
30 Die USA hoffen, im jüngsten Staat Afrikas einen neuen Verbündeten zu finden. Laut „Washington Post" planen sie die Errichtung eines Luftwaffenstützpunktes im Südsudan. [...]

Zu den wichtigsten US-Verbündeten zählen Kenia und Äthiopien. Beiden Staaten kommt wegen der Nachbarschaft zu
35 Somalia eine wichtige Rolle zu. Ein Teil Somalias wird von der islamistischen al-Shabaab-Miliz kontrolliert, deren Vormarsch Washington stoppen will. Auch Ugandas Streitkräfte werden von den USA unterstützt. Uganda stellt das Gros der afrikanischen Friedenstruppe in Somalia. [...]

Für die USA geht es in Afrika aber nicht nur um militärische 40 Zusammenarbeit im Kampf gegen Terror, die unter Obama verstärkt wurde. Es geht auch um den Zugang zu den Rohstoffreserven, die der Kontinent bietet. Neben einstigen Kolonialmächten wie Frankreich und Großbritannien haben die USA hier seit einigen Jahren einen weiteren wichtigen Mit- 45 spieler – China. Die amtliche chinesische Nachrichtenagentur Xinhua zog bereits ihr ganz eigenes Resümee der Clinton-Reise: Diese sei ein „Komplott, um Zwietracht zwischen Afrika und China" zu säen. Die US-Außenministerin hatte Afrikas Staaten zuvor aufgefordert, nur Partnerschaften mit „verant- 50 wortungsvollen Ländern" einzugehen.

Wieland Schneider, Helmar Dumbs: Wettlauf um Ressourcen und Einfluss in Afrika, vom 07. August 2012, aufgerufen unter http:// diepresse.com/home/politik/aussenpolitik/1276433/print.do am 7. April 2013

ARBEITSAUFTRÄGE

1. Erstellen Sie mithilfe der Afrikakarte (Abb. 45.1) einen Ressourcensteckbrief über den Kontinent!

2. Arbeiten Sie die grundlegenden Interessen nichtafrikanischer Staaten in Afrika heraus!

3. Vergleichen Sie das chinesische Engagement mit dem westlicher Länder auf dem afrikanischen Kontinent in Bezug auf Ressourcensicherung, militärische Präsenz, Terrorbekämpfung und Wirtschaftlichkeit!

4. Diskutieren Sie die Aussage Clintons vor dem Hintergrund von Klimasünden (s. Abb. 47.2) und Wirtschaftsleistung, dass „Afrikas Staaten" nur mit „verantwortungsvollen Ländern" Partnerschaften eingehen sollen!

5. Nehmen Sie Stellung, ob Afrika das neue Schlachtfeld der Supermächte China und USA ist!

3.3 Deutsche Außen- und Sicherheitspolitik seit 1989/90 und die Rolle der Bundeswehr

M1 Was Deutschland militärstrategisch bewältigen will

„Sicherheitspolitik ist Politik gegen Unsicherheiten!", sagte Verteidigungsminister de Maizière bei seiner Grundsatzrede zur Neuausrichtung der Bundeswehr am 18. Mai 2011 in Berlin.

5 Dies ist die prägnante Zusammenfassung des sicherheitspolitischen Auftrags. Die Richtlinien halten die sicherheitspolitischen Konstanten fest und formulieren Entwicklungen sowie Interessen, wo es keine festen Bezugsrahmen mehr gibt. Sie sind keine Checkliste, die vorgibt, wann das Instrument Bun-
10 deswehr als Ultima Ratio eingesetzt werden soll. Zu den Fixpunkten gehört, dass eine unmittelbare territoriale Bedrohung Deutschlands mit konventionellen militärischen Mitteln sehr unwahrscheinlich ist. Dies klingt bekannt, aber es enthält schon eine beachtenswerte Einschränkung: „mit konventionellen mi-
15 litärischen Mitteln". Denn Deutschland könnte auf andere Art durchaus zum Gegenstand eines Angriffs werden, z.B. eines Cyber-Angriffs. Es gibt also nicht nur Risiken, die sich durch „Machtverschiebungen zwischen Staaten und Staatengruppen sowie dem Aufstieg neuer Regionalmächte" ergeben können,
20 sondern auch durch neuartige Formen der Kriegführung. Weiter heißt es: Risiken und Bedrohungen entstehen heute vor allem aus zerfallenen Staaten, aus dem Wirken des internationalen Terrorismus, terroristischen und diktatorischen Regimen, Umbrüchen bei deren Zerfall, kriminellen Netzwerken, aus Kli-
25 ma- und Umweltkatastrophen, Migrationsentwicklungen, aus der Verknappung oder den Engpässen bei der Versorgung mit natürlichen Ressourcen und Rohstoffen, durch Seuchen und Epidemien ebenso wie durch mögliche Gefährdungen kritischer Infrastrukturen wie der Informationstechnik.
30 Staatsgrenzen verlieren in diesem Zusammenhang ihre sicherheitspolitische Bedeutung. Die Sicherheitspolitik muss sich auch auf rasche Entwicklungen einstellen – der arabische Frühling mit seinen bis nach Libyen und Syrien reichenden Auswirkungen ist das beste Beispiel dafür.
35 Auch klar ist, dass das Instrument Streitkräfte nie allein zum Ziel führen kann. Nur im Verbund mit anderen Akteuren können die aktuellen sicherheitspolitischen Ziele erreicht werden – dies ist der vernetzte Ansatz –, die nicht mehr Geländegewinne, sondern Stabilität und Wohlstand sind. Damit gilt:
40 Die größten Herausforderungen liegen heute weniger in der Stärke anderer Staaten als in deren Schwäche. Auch als Folge der Schwäche von Staaten können nichtstaatliche Akteure in den Besitz von Massenvernichtungswaffen kommen und damit ein großes Risiko darstellen. Eine wirksame, diesen
45 Aspekt berücksichtigende Nichtverbreitungspolitik ist daher zwingend nötig.
Deutschlands Platz in der Welt wird wesentlich bestimmt von unseren Interessen als starker Nation in der Mitte Europas und unserer internationalen Verantwortung für Frieden und Frei-
50 heit. Deutsche Sicherheitsinteressen ergeben sich aus unserer Geschichte, der geografischen Lage in der Mitte Europas, den internationalen politischen und wirtschaftlichen Verflechtungen des Landes und der Ressourcenabhängigkeit als Hochtechnologiestandort und rohstoffarmer Exportnation.

Verteidigungsminister de Maizière setzte bei den Richtlinien 55 einige wenige, aber beachtenswerte neue Akzente. Dazu gehört die Betonung der internationalen Verantwortung, der sich Deutschland stellen muss, auch wenn rein national definierbare Interessen nicht vorliegen. Und er wurde in einem weiteren Punkt deutlich: 60
In jedem Einzelfall ist eine klare Antwort auf die Frage notwendig, inwieweit die Interessen Deutschlands und die damit verbundene Wahrnehmung internationaler Verantwortung den Einsatz erfordern und rechtfertigen und welche Folgen ein Nicht-Einsatz hat. 65
Es ist bemerkenswert, dass dieser Satz im Mai 2011 formuliert wurde, kurz nach der deutschen Entscheidung, sich am Libyen-Einsatz der NATO nicht zu beteiligen.
Dass deutsche Sicherheitspolitik vor allem in internationalen Gremien und Bündnissen betrieben wird, in der Organisa- 70 tion für Sicherheit und Zusammenarbeit in Europa OSZE, in der Nordatlantischen Allianz NATO und in der Europäischen Union EU, ist seit langem deutsche Staatsräson. Dabei bleibt es auch. Von dort werden denn auch Struktur, Umfang und Ausrüstung der Bundeswehr deutlich beeinflusst. 75

Abb. 48.1: Personelle Stärke der Bundeswehr 1956–2011

Eine weitere Stellschraube ist die Einbindung der Aufwendungen für die Bundeswehr in den Verpflichtungskanon des Staates. Dazu gehört auch der Heimatschutz. Thomas de Maizière hat ihn den Richtlinien eingraviert:
Deutschlands Bürgerinnen und Bürger können sich dar- 80 auf verlassen, dass ihnen mit den vorhandenen gesamtstaatlichen Kräften, Mitteln und Fähigkeiten rasch und wirksam geholfen wird – sei es bei Umweltkatastrophen oder nach Großschadensereignissen, sei es zum Schutz lebenswichtiger Infrastruktur vor jedweder Bedrohung. Dafür, so betonte der 85

Minister, stehen alle Kräfte der Bundeswehr, die nicht mit Einsatzaufgaben gebunden sind, zur Verfügung.

In den Richtlinien ist auch jene Position enthalten, die seinerzeit zu heftiger Kritik an Bundespräsident Köhler und zu des-
90 sen späterem Rücktritt führte: Freie Handelswege und eine gesicherte Rohstoffversorgung sind für die Zukunft Deutschlands und Europas von vitaler Bedeutung. Die Erschließung, Sicherung von und der Zugang zu Bodenschätzen, Vertriebswegen und Märkten werden weltweit neu geordnet.

95 Diese Verteidigungspolitischen Richtlinien beschreiben die Grundlagen deutscher Außen- und Sicherheitspolitik, die Interessen Deutschlands in der Welt und die sich daraus ergebenden Aufgaben der Bundeswehr in einer recht klaren Form. Sie haben dennoch zwei Mängel:
100 Sie können nicht eindeutig voraussagen, in welcher Form die Instrumente der Sicherheitspolitik, damit auch die Bundeswehr, in Zukunft gefordert sein werden. Dies ist angesichts der Asymmetrie der Risiken sowie der Unvorhersehbarkeit mancher Entwicklungen (siehe Nordafrika 2011) nicht mehr
105 möglich.

von rein stabilisierenden Einsätzen über Einsätze in bewaffneten Konflikten bis hin zu Kampfeinsätzen mit hoher militärischer Intensität, also Kriegseinsätzen. So stellt die Bundeswehr Verbände für schnelles, kurzfristiges Handeln, aber auch durchhaltefähige Kontingente zur Verfügung, um Konflikte 125 zu verhüten und Krisen zu bewältigen. Sie will sich innerhalb der Bündnisse an großen Operationen in zwei Einsatzgebieten beteiligen können. Eine dieser Operationen soll von der Bundeswehr als Leit- oder Rahmennation geführt werden können. Gleichzeitig sollen – ebenfalls im Bündnisrahmen – zwei 130 kleinere Operationen in weiteren Einsatzgebieten unterstützt werden können – sei es zu Lande, auf See oder in der Luft. Weiter stellt die Bundeswehr nationale Kräfte auf, die schnell reaktionsfähig sind. Dazu gehören Evakuierungskräfte (inkl. Geiselbefreiung), Kräfte für die Gewährleistung der Sicherheit 135 im deutschen Luft- und Seeraum sowie für den Rettungsdienst. Weiter beteiligt sich die Bundeswehr an den Eingreiftruppen von NATO und EU (NATO Response Force und EU-BattleGroups) und entsendet Soldaten in die Kommandobehörden der Allianz. Die Nationale Zielvorgabe sieht vor, im längerfristigen Durch- 140 schnitt gleichzeitig ca. 10 000 Soldatinnen und Soldaten flexibel und durchhaltefähig bereitstellen zu können. So Thomas de Maizière am 18. Mai 145 2011. [...]

Rolf Clement: Die Reform der Bundeswehr, in: Der Mittler-Brief. Informationsdienst zur Sicherheitspolitik, Verlag E. S. Mittler und Sohn, Nr. 4, 4. Quartal 2011, S. 1–4

NATO: Wehrpflicht oder Berufsarmee

Berufsarmeen	seit
Albanien	2010
Belgien	1994
Bulgarien	2008
Deutschland	2011
Frankreich	2001
Großbritannien	1963
Italien	2005
Kanada	seit Gründung**
Kroatien	2008
Lettland	2007
Litauen	2009
Luxemburg	1967
Niederlande	1996
Polen	2009
Portugal	2004
Rumänien	2007
Slowakei	2006
Slowenien	2004
Spanien	2002
Tschechien	2005
Ungarn	2004
USA	1973

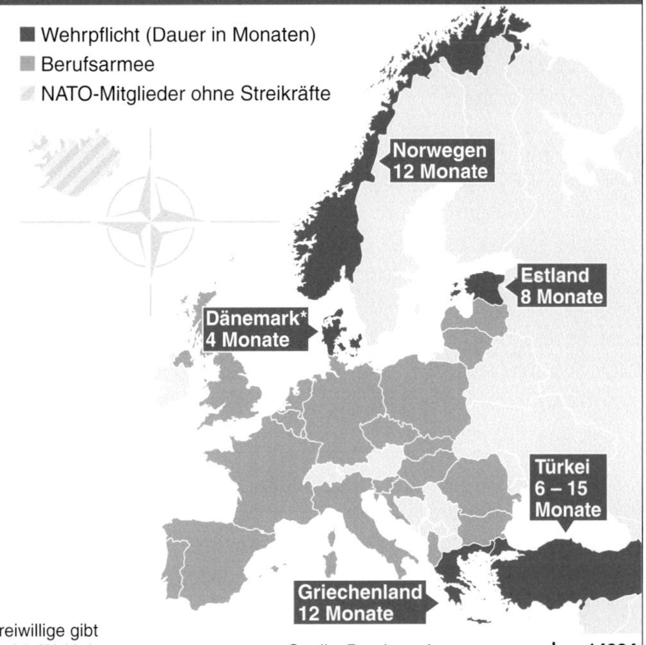

■ Wehrpflicht (Dauer in Monaten)
■ Berufsarmee
NATO-Mitglieder ohne Streikräfte

Norwegen 12 Monate
Estland 8 Monate
Dänemark* 4 Monate
Türkei 6 – 15 Monate
Griechenland 12 Monate

* Wehrpflicht, wenn es nicht genug Freiwillige gibt
** 1867, ausgesetzt während des 1. und 2. Weltkriegs

Quelle: Bundeswehr   dpa•14934

Abb. 49.1: Wehrpflicht oder Berufsarmee?

[...] Die Dreiteilung in Krisenreaktionskräfte, Eingreifkräfte und Unterstützungskräfte ist nicht mehr praktikabel. Die Verbände, die in den Einsätzen gefordert werden, müssen immer wieder dorthin – für ein „Ausruhen" in anderen Aufgabenbereichen ist kaum noch Zeit.
110 Gegenwärtig sind rund 7 000 Soldaten in Einsätzen. Weitere 4 400 sind den Eingreiftruppen von NATO und EU gemeldet, sie stehen einsatzbereit zur Verfügung, jedenfalls auf dem Papier. Auch hier gibt es immer wieder Meldungen, dass diese
115 Einsatzbereitschaft ganz so schnell nicht gewährleistet ist.
Um die Auswirkungen von Krisen und Konflikten auf Distanz zu halten, was eine der wichtigen Aufgaben nach den Verteidigungspolitischen Richtlinien ist, erklärt sich Deutschland bereit, das gesamte Spektrum nationaler Handlungsinstrumente
120 bis hin zum Einsatz von Streitkräften einzubringen. Das geht

M2 Was kann Europa militärstrategisch leisten?

Eigentlich war sie nur als persönliche Abschiedsrede gemeint, aber sie klang wie die der Supermacht höchstselbst. Amerika, sagte der scheiden- 5
de US-Verteidigungminister Robert Gates vor wenigen Tagen [Juni 2012] in Brüssel, werde künftig nicht mehr als Europas Kavallerie bereitste- 10
hen. Weder der US-Kongress noch die breitere politische Klasse verspüre die „Lust", weiterhin wertvolles Geld für Nationen aufzuwenden, „die offenbar nicht willens sind, die notwendigen eigenen Verteidigungsmittel aufzubringen". Die laufende Libyen-Mission der NATO, so Gates, entlarve noch deutlicher 15
als der Afghanistan-Einsatz den erbärmlichen Zustand der europäischen Streitkräfte: Zwar hätten sich sämtliche 28 Mitglieder der Allianz für die Operation ausgesprochen, aber nicht einmal ein Drittel von ihnen beteilige sich an der Bombardierung der Gaddafi-Armee. Selbst diejenigen Europäer, die 20
wollten, könnten nicht mitmachen, denn: „Die militärischen Fähigkeiten sind einfach nicht da."

Ist es wirklich so schlimm? Muss die EU jetzt auch noch Milliarden in die Armeenrettung schießen? Ein Europa, um

49

bei Gates' Erregungsanlass zu bleiben, das ohne amerikanische Zulieferung nicht einmal genügend Präzisionsbomben, Aufklärungsdrohnen und Zielerfassungstechnik aufbringt, um die zweitklassig bewaffnete Wüstenarmee eines wirren Operettenoberst unschädlich zu machen, darf ja schon zweifeln, ob es als Ordnungsmacht taugt. Mit der unfreundlichen Faktenbeschreibung hat der Mann also recht. Trotzdem ist seine Schelte reichlich glattzüngig, weil unreflektiert. Aber der Reihe nach. Zunächst einmal, welche Fähigkeiten fehlen Europa, wie militärisch schwachbrüstig steht es wirklich da?

Richtig ist, dass Europa mit seinen 500 Millionen Einwohnern pro Jahr nicht einmal halb so viel Geld für Verteidigung ausgibt wie die Vereinigten Staaten mit ihren 300 Millionen Einwohnern (2009 waren es in der EU 194 Milliarden, in den USA 498 Milliarden Euro). Richtig ist auch, dass die Europäer nicht gerade Meister der militärtechnischen Innovation sind. Sie besitzen weder Tarnkappenbomber noch bombentragende Drohnen, noch Flugzeuge, die speziell für die Bekämpfung von Bodenzielen, wie jetzt in Libyen, ausgelegt wären. Es mangelt außerdem an ausreichend Hightech-gerüsteten Spezialkräften, die im Ernstfall Verwundete oder Entführte retten könnten. Aus Kostengründen hat Großbritannien im März seinen letzten Flugzeugträger außer Dienst gestellt, und von dem französische Pendant können, falls er einmal nicht in der Werft liegt, ausschließlich französische Rafale-Jets starten, die sonst kein europäisches Land besitzt.

Gleichzeitig geben die Europäer enorm viel Geld, nämlich fast fünfzig Prozent der Militärhaushalte, für Soldaten aus (in Amerika sind es nur 20 Prozent), mit dem Ergebnis, dass die 27 EU-Staaten eine halbe Million mehr Frauen und Männer in Uniform beschäftigen als die Vereinigten Staaten. Nur vier Prozent von ihnen allerdings sind in Auslandseinsätzen eingesetzt, verglichen mit 16 Prozent in den USA. Kurzum: Europa hat mehr Soldaten, die weniger können als amerikanische. Das gern so genannte bang-for-the-buck-Verhältnis (frei übersetzt: Feuerkraft pro Euro) fällt, das muss man Gates lassen, suboptimal aus.

Bloß darf man, und damit zur politischen Fairness, drei Kleinigkeiten nicht vergessen. Erstens ist Europa kein Nationalstaat, sondern ein Verbund von Ländern, die vor noch nicht langer Zeit vor allem gegeneinander statt miteinander rüsteten. Zweitens hatten die USA nach dem Zweiten Weltkrieg lange Zeit ein Interesse daran, ihre weltpolitische Dominanz zu wahren. Der Gründungszweck der NATO bestand in den Worten ihres ersten Generalsekretärs Lord Ismay darin, „to keep the Russians out, the Americans in, and the Germans down", also die Russen draußen, die Amerikaner drinnen und die Deutschen am Boden zu halten. Während in Mitteleuropa Massenarmeen als konventionelles Bollwerk gegen Warschauer-Pakt-Truppen aufgebaut wurden, trat Amerika von Vietnam bis Grenada als sendungsbewusster Weltpolizist auf. Europa wäre geradezu verrückt gewesen, in den vergangenen zwanzig Jahren seine Heere und Luftwaffen nicht radikal abzuschmelzen; 1989 unterhielt Frankreich noch 550 000 Soldaten, Deutschland knapp 500 000, und das kleine Belgien leistete sich 160 F16-Kampfjets. Das Problem ist bloß, dass die europäischen Staaten die gewaltige Schrumpfung seit der Ost-West-Einigung nicht koordiniert betrieben haben, sondern in kurzsichtigen nationalen Alleingängen.

Die europäische Militärlandschaft ist kein durchdachter Park, sondern eine Kolonie von Gartenzwerg-Gehegen. „Wenn die europäischen Armeen Firmen gewesen wären, hätten sie Teile oder alle ihre Betriebe miteinander verschmolzen, um Kostenersparnisse zu erzielen", bilanziert der Verteidigungsexperte des Londoner Centre for European Reform (CER), Tomas Valasek. „Das haben sie, bis auf wenige Ausnahmen, nicht getan. Deswegen wiegen die Fixkosten – für Gehälter, Ausrüstungspflege und Gebäude – unverhältnismäßig schwer zulasten von Ausbildung und Neubeschaffung."

In Sonntagsreden beschwören auch in Deutschland sämtliche Politiker von links bis rechts die Vision einer „europäischen Armee" – um wochentags die Bundeswehr doch wieder nur als Haushaltssparmasse zu behandeln. Natürlich gibt es die ein oder andere grenzübergreifende Kooperation zwischen den EU-Armeen, natürlich wachsen tausend kleine Nahtstellen bei Ausbildung und Beschaffung, aber um ihre Streitkräfte ernsthaft miteinander zu verzahnen, sprich: Teile der jeweils eigenen Verteidigungsfähigkeit aufzugeben, fehlt den europäischen Regierungen schlicht die Entschlossenheit. Das ist sogar verständlich, wie das Beispiel Libyen zeigt. Sollen militärisch ambitionierte Nationen wie Frankreich und Großbritannien ihre Einsatzbereitschaft etwa von einem dauerzaudernden Deutschland abhängig machen? Will, umgekehrt, Deutschland als Pflichtmichel einer integrierten europäischen Streitmacht in Kriege hineingesogen werden, für die die eigene Überzeugung gar nicht langt? Mit Deutschland, insbesondere, rechnen die Kriegsmunteren unter den Europäern deshalb schon gar nicht mehr. „Die Franzosen fragen sich, warum sie mit Deutschland überhaupt noch eine gemeinsame europäische Sicherheits- und Verteidigungspolitik anstreben sollten, wenn die Deutschen immer nur abstrakt davon reden, die Institutionen müssten gestärkt werden", sagt Christian Mölling, Militärfachmann der Berliner Stiftung Wissenschaft und Politik.

Welche Gestalt ist also realistischerweise von der Militärmacht Europa zu erwarten? Bestenfalls ist es eine „Verinselung" von Stärken. Großbritannien und Frankreich haben im vergangenen Jahr einen Kooperationsvertrag geschlossen, in dem erklärten Bewusstsein, „unter den wenigen Nationen zu sein, die fähig und bereit sind, die herausforderndsten militärischen Missionen zu bestreiten". Andere Gleichgesinnte gehen ähnliche Wege: Belgien und die Niederlande teilen sich ein Marinekommando, und die nordischen Staaten, die sich zuerst als Skandinavier und erst dann als Europäer fühlen, haben sich in der Nordischen Verteidigungsgemeinschaft Nordefco zusammengeschlossen. Das Nicht-NATO-Mitglied Schweden hat sich sogar verpflichtet, im Falle eines Angriffs die nordischen Nachbarn zu verteidigen.

Tja, und Deutschland? Welche Interessen-Partner hat das größte und am nächsten zur Mitte gelegene Land Europas noch aufzubieten? Er höre, so gesteht ein hoher Offizier im Berliner Verteidigungsministerium, von Verbündeten immer wieder die Frage: „Wo ist euer Kompass? Wohin zeigt die Nadel?" In der Stauffenbergstraße hat darauf, und zwar nicht erst seit der deutschen Enthaltung in der Libyen Frage, niemand so recht eine Antwort. Vielleicht, schlägt CER-Fachmann Tomas Valasek vor, sollte Deutschland damit anfangen, „erst einmal nicht kämpfende Einheiten mit anderen Staaten zu teilen".

Zöge sich Amerika aus der europäischen Sicherheitssphäre zurück, die EU stünde gelähmt vor Herausforderungen wie
145 der in Libyen. Oder könnten die Europäer die Operation Unified Protector, wie sie so schön heißt, etwa doch ohne amerikanische Tankflugzeuge und Drohnen bewältigen? [...]

Jochen Bittner: Die militärischen Fähigkeiten sind nicht da, in:
ZEIT ONLINE vom 22. Juni 2012, aufgerufen unter
www.zeit.de/2011/26/NATO-USA-Europa am 18. Januar 2013

M3 Sicherheit nach Kassenlage ...?

Die Finanzkrise ist zum Sicherheitsproblem geworden, das allumfassende Spardiktat greift auch in die Verteidigungsbudgets ein. So erzwingt die Krise in Europa und ganz besonders in Deutschland neue Strukturen: Es ist Zeit für grundle-
5 gende Militärreformen.

Ein wenig zugespitzt könnte man behaupten, dass es die Krise der Staatsbudgets nicht gäbe, wenn es keine Armeen gäbe. Denn die Armeen standen Pate bei der Schöpfung des modernen Finanzwesens. Es waren die stehenden Heere, die
10 Berufsarmeen, die nach dem Dreißigjährigen Krieg das Söldnertum der Wallensteins ablösten und damit dem modernen Staat ein Rückgrat gaben.

Dieser moderne Staat brauchte geordnete Finanzen, um seine Streitkräfte, Depots und die Ausrüstung zu bezahlen. Nur so
15 konnten die marodierenden und sich selbst bereichernden Truppen gestoppt werden. So entstand das moderne Finanzwesen, weil der Staat zur Finanzierung der Heere auf regelmäßige Einnahmen angewiesen war und Steuern erheben musste.

20 Finanzen und Sicherheit bedingen einander. Deswegen ist es nur zwingend, dass sich die Industriestaaten in Zeiten der Finanzkrise um ihre Sicherheit sorgen. Dabei ist aber eine erstaunliche Verdrehung der Perspektive zu beobachten: Bisher haben Kriege Finanzprobleme ausgelöst, innere Unruhen
25 haben Märkte destabilisiert. Jetzt gilt die umgekehrte Sicht. Im Jahr der Eurokrise heißt die Frage: Wie wirkt sich der Kollaps der Märkte auf die Sicherheit aus? Sind es die Währungsprobleme, die Bündnisse brechen lassen? Wie viel Sicherheit kann sich ein hoch verschuldetes Land eigentlich leisten?

30 Die Finanzkrise ist zum Sicherheitsproblem geworden, zum Problem der Sicherheitspolitik. Das Spardiktat für alle Haushalte in Europa greift kräftig in die Budgets für Verteidigung ein, von Rom bis Stockholm stellen sich Europas Wehrminister auf harte Kürzungen ein. Das spanische Verteidigungsbudget
35 fiel in diesem Jahr um neun Prozent. In Italien wurde zu bereits beschlossenen Kürzungen ein neuerlicher Rückgang um zehn Prozent vereinbart. Frankreich wird in drei Jahren bis zu fünf Milliarden Euro einsparen.

Selbst Undenkbares wird auf einmal diskutiert: Frankreich
40 und Großbritannien tuscheln über eine Zusammenlegung der (sündhaft teuren) nuklearen Abschreckung. Der neue britische Verteidigungsminister Liam Fox [bis 2011] kündigte „schonungslose und unsentimentale" Kürzungen an. In Schweden wurde die Wehrpflicht beendet – unter anderem,
45 weil sie zu viel kostet. Värnplikt, die Pflicht zur Verteidigung, war mehr als eine militärische Bürde. Der Dienst für die

Nation funktionierte auch als Kleber, der Gesellschaft und Staat zusammenhielt. [...]

Denn dies sind – völlig ungeschönt – die Konsequenzen, die Europas überschuldete Haushalte für das Militär erzwingen: 50 Wer das Verteidigungsbudget um zehn oder gar 20 Prozent kürzt, der muss die Streitkräfte verkleinern, weniger Waffen anschaffen, zivile Mitarbeiter entlassen, Kasernen schließen und die Wehrpflicht abschaffen, die weder gerecht für die Dienstpflichtigen sein kann, noch militärisch Sinn ergibt. 55

So wird die Finanzkrise in Europa und ganz besonders in Deutschland eine Militärreform erzwingen, die weit über den uninspirierten Massenabbau von Soldatenstellen nach dem Ende des Kalten Krieges hinausreicht. Denn nun geht es um neue Strukturen, es geht um eine neue Verankerung des Mi- 60 litärs im Staat, und es geht darum, Abschied zu nehmen von klassischen sicherheitspolitischen Vorstellungen der Landesverteidigung und der militärischen Souveränität. [...]

Stopp, rufen die Militärpolitiker, es dürfe keine Sicherheitspolitik nach Kassenlage geben. Zunächst müsse geklärt wer- 65 den, was das Militär eigentlich soll, dann werde sich dafür schon Geld finden. Eine hübsche Idee – die schnell verpuffen wird. Über die Bedrohungen dieser Zeit weiß die Politik durchaus Bescheid. Und sie weiß auch, dass in Afghanistan und am Horn von Afrika keine Wehrpflichtigen Dienst tun 70 können, wohl aber gut ausgebildete Männer und Frauen, für deren Sicherheit mit dem wenigen Geld im Budget zu sorgen ist.

Sicherheit und die Kriegskasse – beides ist untrennbar miteinander verknüpft und muss ins Gleichgewicht gebracht 75 werden, wenn die Politik funktionieren soll.

Für die Staaten Europas könnte es da hilfreich sein, viel mehr über die Armee Europas nachzudenken. Diesem friedlichen Kontinent stehen finanziell instabile Zeiten bevor. Da wäre es klug und innovativ, wenn das Militär als Garant für Sicher- 80 heit voranginge und für Sicherheit in Arbeitsteilung sorgte. Ein stehendes Heer für die Union aller Staaten – das wäre fast schon so etwas wie ein neues Rückgrat für Europa.

Stefan Kornelius: Zeit für eine europäische Armee, vom
13. Juli 2010, aufgerufen unter www.sueddeutsche.de/politik/
militaerpolitik-und-finanzkrise-zeit-fuer-eine-europaeische-
armee-1.974075 am 18. Januar 2013

ARBEITSAUFTRÄGE

1. Charakterisieren Sie die außen- und sicherheitspolitische Lage Deutschlands im Rahmen der Bundeswehrreform!

2. Erörtern Sie die Frage, ob Europa militärisch „bedingt einsatzbereit" ist oder ob sich der Westen nach dem Ende des systemischen Konflikts 1989/90 „auseinandergelebt" hat!

3. Diskutieren Sie die Frage, ob eine „Armee der Europäischen Union" das westliche Bündnis stabilisiert!

3.4 Möglichkeiten internationaler Institutionen und Organisationen (UNO, NATO, EU): Beispiel Libyen

M1 Chronik des Libyenkonflikts

15.–21.02.2011	Demonstrationen gegen das Gaddafi-Regime im Nordosten und in den westlichen Bergen. Paramilitärische Brigaden schlagen Proteste nieder. Opposition nimmt Kampf gegen das Regime auf.
22.02.2011	US-Regierung erwägt Sanktionen.
22.–23.02.2011	Rebellen erobern Misrata und Bengasi.
23.–24.02.2011	Internationale Stimmen aus Politik und Wirtschaft fordern Ende der Gewalt.
25.–26.02.2011	Aufstände nun auch in Tripolis. Rebellen rücken weiter vor.
26.–28.02.2011	Erklärung von Obama und Merkel, Gaddafi regiere ohne Legitimität. UN-Sicherheitsrat und EU reagieren mit Reiseverboten und Sanktionen gegen das libysche Regime.
27.–28.02.2011	Weitere Städte unter Kontrolle der Rebellen. Nationaler Übergangsrat wird als Vertretung der Opposition gegründet. Tripolis nach harten Kämpfen wieder in der Macht des Regimes.
02.–03.03.2011	Internationaler Strafgerichtshof will gegen Gaddafi wegen Verdachts auf Verbrechen gegen die Menschlichkeit ermitteln. Luftangriffe des Regimes gegen Rebellen.
07.–12.03.2011	Erste Anerkennung des Nationalen Übergangsrats durch Frankreich.
11.–18.03.2011	Weitere Luftangriffe und Bodenoffensive gegen Rebellen.
17.–19.03.2011	UN-Resolution Nr. 1973: Militärintervention unter NATO-Kommando beginnt am 19.03.
25.03.–01.04.2011	Erste Signale zur Bereitschaft der Regierung zu Verhandlungen mit den Rebellen. Rebellen reagieren mit Waffenstillstands-Angebot, wenn sich das Regime zurückzieht.
03.–15.04.2011	Internationale Vermittlungsversuche, weitere NATO-Angriffe.
14.–22.04.2011	Nach massiven Kämpfe bringen die Rebellen Misrata unter ihre Kontrolle.
22.–29.04.2011	Internationale Hilfsangebote für Rebellen.
29.04.–02.05.2011	Libysche Regierung leugnet NATO-Angriff auf Kommandozentrale in Tripolis. Gaddafi-Truppen bombardieren Misrata.
03.05.–29.06.2011	Treffen zwischen Rebellenführung und westlichen Staaten. Sarkozy fordert Gaddafi zum Rücktritt auf. Westerwelle erkennt Nationalen Übergangsrat als legitime Vertretung an. Haftbefehl gegen Gaddafi durch Internationalen Strafgerichtshof.
23.08.2011	Rebellen erobern Gaddafis Hauptquartier in Tripolis und übernehmen die Macht in der Hauptstadt.
20.10.2011	Bei Angriffen auf die Stadt Sirte wird Gaddafi gefangen genommen und getötet.
28.10.2011	NATO-Beschluss: Ende des Libyen-Einsatzes zum 31.10.2011

Seit Dezember 2010 kam es in Nordafrika und dem Nahen Osten zu anhaltenden und gewaltsamen Protesten. Auslöser waren unterschiedliche soziale, politische und gesellschaftliche Probleme, die sich in den autokratischen und diktatorischen Systemen der Region verdichteten. Ausgehend von Tunesien breitete sich die Protestbewegung allerdings mit unterschiedlichem Erfolg aus. Während in Tunesien und Ägypten nach dem Sturz der Herrschenden die politische Grundordnung in einer Übergangsphase auf zunehmend demokratischere Strukturen hoffen lässt, werden andernorts Aufstände blutig niedergeschlagen (z.B. Syrien, Bahrain) oder politische Änderungen angekündigt und durchgeführt (z.B. Algerien, Jemen). Libyen ist insofern bemerkenswert, weil das Land mit der Protestbewegung die gesamtglobale Aufmerksamkeit auf sich gezogen hat. Die einflussreichsten internationalen Regierungsorganisationen – UNO, NATO und Europäische Union – engagierten sich hier besonders.

M2 UN verhängen Flugverbotszone über Libyen

Der UN-Sicherheitsrat hat ein Flugverbot über Libyen beschlossen. Großbritannien, Frankreich und die USA wollen die Resolution rasch umsetzen. Deutschland enthielt sich.
Der UN-Sicherheitsrat hat den Weg frei gemacht, die Angriffe des Gaddafi-Regimes auf die libysche Zivilbevölkerung zu unterbinden. In der Nacht verabschiedete das 15-köpfige Gremium nach langen Beratungen eine Resolution, die UN-Mitgliedstaaten erlaubt, „alle erforderlichen Maßnahmen" zu ergreifen, um Gewalt von libyschen Zivilisten abzuwenden. Erlaubt ist militärisch fast alles, möglich wäre also auch ein Angriff auf 10 Bodenziele oder die Zerstörung der libyschen Luftwaffe am Boden durch Bomber oder Marschflugkörper. Der Einsatz von Bodentruppen ist allerdings ausdrücklich ausgeschlossen. [...] Grundlage des Beschlusses war ein von Libanon für die Arabische Liga eingebrachter Resolutionsentwurf, den dann maß- 15 geblich Frankreich weiter ausarbeitete. Er erlaubt Luftschläge gegen das Regime von Machthaber Muammar al-Gaddafi. Damit geht er deutlich über die ursprünglich diskutierte Flugverbotszone hinaus.
Deutschlands Außenminister Guido Westerwelle begrüßte 20 die Resolution, schloss aber erneut kategorisch aus, dass die Bundeswehr mitwirkt. In einer Mitteilung des Außenministeriums hieß es: „Wir sehen die in der Resolution ebenfalls vorgesehene Option einer militärischen Intervention in Libyen weiterhin äußerst skeptisch. Wir sehen hier erhebliche 25 Gefahren und Risiken. Deswegen können wir diesem Teil der Resolution nicht zustimmen."
Deutsche Soldaten würden sich an einem militärischen Einsatz in Libyen nicht beteiligen. „Unsere Position gegenüber dem Gaddafi-Regime bleibt unverändert: Der Diktator muss 30 die Gewalt gegen sein eigenes Volk sofort beenden. Er muss gehen und für seine Verbrechen zur Rechenschaft gezogen

werden", sagte Westerwelle nach Angaben des Ministeriums. Die Resolution war mit zehn Stimmen angenommen worden.
35 Fünf Länder hatten sich enthalten, darunter die ständigen Mitglieder Russland und China sowie Deutschland, Indien und Brasilien. Gegen die Resolution stimmte kein Land. Mindestens neun Ja-Stimmen waren notwendig. [...]
„Deutschland unterstützt die wirtschaftlichen Sanktionen
40 voll, denn die Herrschaft des Muammar al-Gaddafi ist vorbei und muss beendet werden", sagte Berlins UN-Botschafter Peter Wittig. „Aber der Einsatz des Militärs ist immer extrem schwierig und wir sehen große Risiken." Deutschlands Luftwaffe werde sich nicht an einem Einsatz gegen Gaddafi be-
45 teiligen. „Die Gefährdung von Leben darf nicht unterschätzt werden. Wir sollten nicht in den Kampf gehen mit der Hoffnung auf einen schnellen Erfolg und geringe Opfer."
Die Europäische Union begrüßte die Libyen-Resolution ebenfalls. Diese sei „eine klare Grundlage für die Mitglieder der
50 internationalen Gemeinschaft, der Zivilbevölkerung Schutz zu gewähren", heißt es in einer gemeinsamen Erklärung des EU-Ratspräsidenten Herman Van Rompuy und der EU-Außenbeauftragten Catherine Ashton. Nun sei die Kooperation mit der Arabischen Liga und der Afrikanischen Union
55 wichtig. Die EU werde sich auch mit anderen internationalen Partnern darüber verständigen, „wie wir am besten so rasch wie möglich zur Umsetzung der Beschlüsse des UN-Sicherheitsrates beitragen können".

dpa/Reuters: UN verhängen Flugverbotszone über Libyen, ZEIT ONLINE, dpa, Reuters, vom 19. März 2011, aufgerufen unter www.zeit.de/politik/ausland/2011-03/libyen-uno-flugverbotszone/komplettansicht am 18. Januar 2013

M3 Die NATO darf Gaddafi festnehmen

Interview der taz.die tageszeitung mit Andreas Zimmermann, Professor für Völkerrecht an der Universität Potsdam. Er ist Mitglied im völkerrechtswissenschaftlichen Beirat des Auswärtigen Amtes.

taz: Herr Zimmermann, ohne Hilfe der NATO hätten die Rebellen sicher nicht so schnell gesiegt. War der NATO-Einsatz völkerrechtlich zulässig?
Zimmermann: Grundsätzlich war das Engagement der NATO
5 vom Völkerrecht gedeckt. Der UN-Sicherheitsrat hatte im März beschlossen, dass „alle notwendigen Maßnahmen" zum Schutz der Zivilbevölkerung vor Angriffen des Gaddafi-Regimes gerechtfertigt seien.
taz: Es war aber nicht vereinbart, dass die NATO als Luftwaffe
10 der Rebellen agiert und den Weg nach Tripolis freibombt.
Zimmermann: Der Regimewechsel war kein Ziel der UN-Resolution 1973. Aber die NATO durfte auch militärische Ziele in Tripolis angreifen, soweit von dort Angriffe der Regierungstruppen auf Zivilisten koordiniert wurden. Letztlich
15 wird die Sicherheit von Zivilisten nicht nur von dem Panzer gefährdet, der auf Wohnviertel schießt, sondern auch vom Befehlshaber, der dies anordnet.
taz: Beim Sturm auf Tripolis sollen auch britische und französische Kommandoeinheiten und Berater beteiligt gewesen
20 sein. Diente das noch dem „Schutz der Zivilbevölkerung"?
Zimmermann: Ich kenne die Lage vor Ort nur aus den Medien. Aber Gaddafi hatte seine Anhänger aufgerufen, die Stadt von „Teufeln und Verrätern" zu säubern. Dadurch waren

auch Zivilisten bedroht, die mit den Rebellen sympathisieren.
taz: Hat die UN-Resolution Bodentruppen nicht ausgeschlos- 25 sen?
Zimmermann: Nein. Ausgeschlossen wurden nur „ausländische Besatzungskräfte", also eine Kontrolle des Landes – oder von Teilen des Landes – durch ausländische Militärs. Der punktuelle Einsatz von Bodentruppen zum Schutz der Zivil- 30 bevölkerung oder etwa zur Rettung eines abgeschossenen Piloten war durchaus möglich. [...]
taz: Der Internationale Strafgerichtshof hat Ende Juni Haftbefehle gegen Gaddafi, seinen Sohn Saif und den Geheimdienstchef erlassen. Hatte sich dadurch das Mandat der west- 35 lichen Truppen erweitert?
Zimmermann: Nein. Ein Haftbefehl aus Den Haag gibt ausländischen Truppen kein Recht zu militärischen Kommandoaktionen. So darf die NATO auch nicht einfach im Sudan intervenieren, um den ebenfalls vom Strafgerichtshof angeklagten 40 sudanesischen Staatschef Omar al-Bashir festzunehmen.
taz: Dürfte Gaddafi von der NATO also gar nicht inhaftiert werden?
Zimmermann: Doch. Gaddafi darf festgenommen werden, etwa um zu verhindern, dass er Racheakte gegen die Zivil- 45 bevölkerung organisiert. Und wenn er inhaftiert ist, müssen Staaten wie Frankreich oder Großbritannien mit dem Strafgerichtshof in Den Haag kooperieren. [...]
taz: Die UN-Resolution 1973 wurde am 17. März 2011 verabschiedet. Wie lange gilt sie noch? 50
Zimmermann: Sie ist nicht befristet. Wenn allerdings die Rebellen endgültig die Kontrolle des Landes übernommen haben, können sie völkerrechtliche Verträge mit der NATO oder einzelnen Staaten schließen, um deren Befugnisse in Libyen zu regeln. In gleichem Maße verliert [die] Resolution 1973 55 dann ihre Bedeutung und dürfte alsbald durch eine neue Resolution ersetzt werden.

Christian Rath, Andreas Zimmermann: Die NATO darf Gaddafi festnehmen, in: taz.die tageszeitung, vom 30. August 2011

M4 „Kehrt Marsch, Herr Außenminister"

War es der greifbare Sieg der Rebellen? Oder Druck aus der Partei? Nachdem er tagelang die deutschen Sanktionen gegen Libyen besonders lautstark gelobt hat, zollt Außenminister Westerwelle der NATO plötzlich Respekt für ihren Militäreinsatz. [...] 5
Nach tagelangem Zögern hat nun auch Außenminister Guido Westerwelle den Beitrag der NATO-Luftangriffe zum Machtwechsel in Libyen gewürdigt. Der FDP-Politiker schwenkte am Samstag auf die Linie von Bundeskanzlerin Angela Merkel und der FDP-Führung ein. Den Libyern sei es „auch mithilfe 10 des internationalen Militäreinsatzes gelungen", das Gaddafi-Regime zu stürzen, schrieb Westerwelle in einem Beitrag für die WELT am SONNTAG. Er äußerte „Respekt für das, was unsere Partner zur Erfüllung von Resolution 1973" des UN-Sicherheitsrates geleistet hätten. Zugleich würdigte er den 15 Erfolg der Aufständischen. [...]
Zuvor hatte bereits Kanzlerin Angela Merkel in der BILD am SONNTAG ebenfalls „tiefen Respekt" für den Einsatz der NATO-Staaten bezeugt. Gleichzeitig rechtfertigte sie die deutsche Haltung, sich nicht an dem Militäreinsatz zu betei- 20 ligen. Mit der Resolution war die NATO ermächtigt worden,

eine Flugverbotszone über Libyen zum Schutz der Bevölkerung auch mit militärischen Mitteln durchzusetzen. Nun sagte die Kanzlerin: „Wir stehen fest zu unseren Verbündeten
25 und zur NATO." Und: „Unsererseits sind wir mit politischen und wirtschaftlichen Sanktionen gegen das Regime vorgegangen."

Merkel schließt jetzt auch eine Teilnahme von Bundeswehrsoldaten an einer möglichen UN-Stabilisierungsmission
30 in Libyen nicht aus. [...] Sie sehe aber vor allem die Vereinten Nationen und die afrikanische Staatengemeinschaft in der Pflicht. „Die neue libysche Regierung wird entscheiden müssen, welche Unterstützung sie braucht, wobei ich vorrangig die Vereinten Nationen, die →Arabische Liga und die
35 →Afrikanische Union in der Verantwortung sehe", sagte die Kanzlerin. [...]

Reuters/dpa/dapd: Westerwelle vollzieht Kehrtwende bei NATO-Militäreinsatz, vom 27. August 2011, aufgerufen unter www. sueddeutsche.de/politik/die-deutschen-und-der-krieg-in-libyen-westerwelle-vollzieht-kehrtwende-bei-nato-militaereinsatz-1.1135764 am 18. Januar 2013

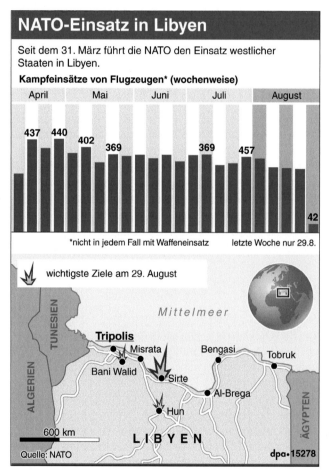

Abb. 54.1: NATO-Einsatz in Libyen

M5 Sicherheitsrat hebt Libyen-Mandat auf

Der UN-Sicherheitsrat hat das Flugverbot über Libyen zum 31. Oktober aufgehoben und einstimmig das Ende des Libyen-Einsatzes der NATO beschlossen.

Der UN-Sicherheitsrat in New York hat am Donnerstag ein-
5 stimmig das Ende des Libyen-Einsatzes der NATO zum Monatsende beschlossen. Alle Bestimmungen der früheren Libyen-Resolution „1973 vom 17. März, die unter anderem

den Einsatz von Waffengewalt der Staatengemeinschaft zum Schutz libyscher Zivilisten vor den Streitkräften des gestürzten Diktators Muammar al-Gaddafi sowie ein Flugverbot im 10 libyschen Luftraum vorsah, gelten nur noch bis zum 31. Oktober.

Der Übergangsrat in Tripolis hatte in den vergangenen Tagen die NATO und die UN vergeblich gebeten, den Militäreinsatz der Allianz und das Flugverbot bis Jahresende aufrechtzuer- 15 halten.

Neben dem Ende des NATO-Einsatzes und der Aufhebung des Flugverbots wurde mit der neuen Resolution auch die Aufhebung wichtiger Finanzsanktionen beschlossen. Vom 1. November an hat der Übergangsrat in Tripolis Zugang zu den 20 Milliarden auf bisher noch eingefrorenen Konten libyscher Ölfirmen, Banken und anderer staatlicher Einrichtungen. Auch das im März verhängte Waffenembargo wird gelockert, um der neuen Polizei des Landes und den libyschen Sicherheitskräften den Zugang zum internationalen Waffenmarkt 25 zu öffnen. [...]

In der Resolution gibt das wichtigste Gremium aber auch seiner tiefen Sorge vor Menschenrechtsverletzungen und Übergriffen gegen frühere Mitarbeiter des gestürzten Gaddafi-Regimes Ausdruck. Zudem sind UN und NATO besorgt, dass 30 Waffen aus den Arsenalen des früheren Regimes – vor allem tragbare Boden-Luft-Raketen – terroristischen Organisationen in die Hände fallen könnten. [...]

Matthias Rüb: Sicherheitsrat hebt Libyen-Mandat auf, in: Frankfurter Allgemeine Zeitung vom 27. Oktober 2011, aufgerufen unter www.faz.net/aktuell/politik/arabische-welt/un-sicherheitsrat-hebt-libyen-mandat-auf-11508474.html am 18. Januar 2013

M6 Nach dem Umsturz

Nach dem Sturz des Regimes begannen verschiedene Lager, um die Macht zu konkurrieren. Der Bürgerkrieg zog in den Regionen einen Aufstieg lokaler Räte und Milizen mit sich, denen die Bevölkerung Misstrauen entgegenbringt. Viele dieser Regionen entziehen sich bis heute der staatlichen 5 Kontrolle.

Die internationale Gemeinschaft versucht, den Demokratisierungsprozess von außen zu unterstützen. Hilfe bei der Entwaffnung und Reintegration der Milizen und Unterstützung bei der Stabilisierung des Landes soll die eigens gegründete 10 UNSMIL der Vereinten Nationen (United Nations Support Mission in Libya) leisten. IWF und Weltbank koordinieren die wirtschaftliche Stabilisierung und das Finanzmanagement des Landes, die EU will den Aufbau der Grenzsicherung, der Zivilgesellschaft und der Medien begleiten. [...] 15

Noch während der Kampfhandlungen wurde im Februar 2011 aus Funktionären und Aktivisten der Nationale Übergangsrat gebildet, der die Opposition vertreten sollte. Er bestand aus vormaligen hohen Vertretern von Gaddafis Regime und Oppositionellen. Seit seiner Gründung werfen Aktivisten und 20 Vertreter von Rebellenbrigaden dem Rat Intransparenz und fehlende Legitimität vor.

Im Juli 2012 wurden schließlich Wahlen abgehalten, um eine Nationalversammlung zu bestimmen. 62 Prozent der Wahlberechtigten gaben ihre Stimme ab, fast 40 Prozent von ihnen 25 waren Frauen. Gewinner der Wahl waren gemäßigte Kräfte: Die liberale „Allianz der nationalen Einheit", ein westlich orientiertes Bündnis, wurde stärkste Partei. Zweitstärkste Partei wurde die Partei der islamistischen →Muslimbrüder.

30 Auch 33 Frauen wurden in die neue Nationalversammlung gewählt – 16 Prozent der über Parteilisten verteilten Sitze. Im August 2012 übergab der Übergangsrat die Macht an die Nationalversammlung. Die Abgeordneten sollen unter anderem die Wahl eines Rates ermöglichen, der eine libysche

35 Verfassung ausarbeiten soll. Gaddafi hatte ganz auf eine Verfassung verzichtet. [...]

Anfang September 2012 wählte die Nationalversammlung den langjährigen Oppositionellen Mustafa Abu Schagur zum ersten Regierungschef seit dem Sturz Gaddafis. Schagur

40 scheiterte jedoch an der Bildung eines Krisenkabinetts und wurde nach wenigen Wochen durch ein Misstrauensvotum im Parlament gestürzt. Demonstranten hatten das Parlament gestürmt, nachdem sie in Schagurs Personenliste für ein Krisenkabinett ihre Heimatregion zu wenig repräsentiert sahen.

45 Sein zweiter Kabinettsvorschlag zog das Misstrauensvotum nach sich.

Am 14. Oktober wählte die Nationalversammlung mit knapper Mehrheit den Menschenrechtsanwalt und früheren Dissidenten Ali Seidan zum neuen Ministerpräsidenten. Aufgabe

50 Seidans wird es sein, eine Regierung aufzustellen und die Parlamentswahlen vorzubereiten, die im kommenden Jahr nach der Ausarbeitung einer Verfassung stattfinden sollen. [...]

Im September 2012 offenbarte ein Attentat in der Stadt

55 Bengasi die prekäre Sicherheitslage in der einstigen Hochburg der Rebellen. Bei einem Sturm auf das amerikanische Konsulat am 11. September töteten bewaffnete Männer den amerikanischen Botschafter Chris Stevens und drei Mitarbeiter. Auslöser war vermutlich ein weltweit diskutierter islam-

60 feindlicher Film.

Wenige Tage später demonstrierten Tausende Menschen in Bengasi gegen radikale Islamisten und stürmten den Stützpunkt einer Miliz, der eine Beteiligung an dem Angriff auf das amerikanische Konsulat vorgeworfen wird.

65 Die libysche Übergangsregierung reagierte auf die Gewalt und die darauffolgenden Demonstrationen mit der Erklärung, alle Milizen und bewaffneten Gruppen in Libyen auflösen zu wollen.

Bundeszentrale für politische Bildung: Hintergrund aktuell: Libyen beim Aufbau eines neuen Staates, vom 18. Oktober 2012, aufgerufen unter www.bpb.de/politik/hintergrund-aktuell/146270/ libyen-beim-aufbau-eines-neuen-staates am 24. Januar 2013

M7 Fehler einer Zivilmacht

Was von der Libyen-Politik Deutschlands in Erinnerung bleibt, sind Fehler und Versäumnisse einer Zivilmacht ohne Zivilcourage. In dieser Form wird Deutschland weder bei der Hilfe für bedrängte Menschen noch bei der eigenen Selbstbehaup-

5 tung in einer turbulenten Welt bestehen können. Die Regierung hatte es versäumt, trotz schwerer innenpolitischer und innerparteilicher Bedingungen eine humanitäre Intervention in Libyen zu begründen und mitzutragen wie seinerzeit während des Kosovo-Kriegs. Dabei wäre das Vorgehen in Libyen

10 sogar einfacher zu rechtfertigen gewesen, da für eine militärische Beteiligung in Libyen alle rechtlichen, politischen und moralischen Voraussetzungen gegeben waren. [...]

In der Libyen-Krise wurden die wegweisenden außenpolitischen Koordinaten für Deutschlands Kurs falsch berechnet. Die außenpolitische Priorität auf „neue Kraftzentren der 15 Weltpolitik" irritiert. Im „ZDF heute journal" am 25. August 2011 unterstrich der Außenminister, dass er diese als neue „Gestaltungsmächte" in die internationale Verantwortung einbeziehen möchte. Aus dem Versagen in Libyen hätte aber eine andere Lehre gezogen werden müssen: Für Deutschland 20 kommt es zuallererst darauf an, dass die bewährten Partner nicht weiter vor den Kopf gestoßen, sondern durch Taten wieder davon überzeugt werden, dass Deutschlands Platz an der Seite von verlässlichen Partnern und bewährten Institutionen ist. Die neuen und überwiegend autoritären Kraftzen- 25 tren sind nicht an der Stärkung von Freiheit und Demokratie interessiert. So forderte Russland auch vier Tage nach der Einnahme von Tripolis eine Machtteilung der Rebellen mit Gaddafi. Die Kritik an der aktuellen Außenpolitik bezieht sich deshalb nicht nur auf handwerkliche Mängel oder un- 30 diplomatisches Verhalten. Alt-Bundeskanzler Helmut Kohl mahnt zu Recht: „Wir müssen aufpassen, dass wir nicht alles verspielen. Wir müssen dringend zu alter Verlässlichkeit zurückkehren, [...] deutlich machen, wo wir stehen und wo wir hin wollen, dass wir wissen, wo wir hingehören [...]" Die 35 außenpolitische Kultur der Zurückhaltung muss zwar weiterhin gelten. Aber sie darf nicht Freibrief sein für einen „moralisch überhöhten Absentismus". [...]

Bei der Enthaltung der Bundesregierung gerieten zwei Maximen in Konflikt: Zivilmacht versus Bündnismacht. Das Er- 40 gebnis ist ein Deutschland, das als unmoralische Zivilmacht dasteht: Denn es war moralisch verwerflich, Gaddafi weiter gewähren zu lassen, statt ihn zu stoppen. Wäre Deutschland als Bündnismacht seinen zivilen Ansprüchen nachgekommen, hätte es hingegen moralisch gehandelt. 45

Christian Hacke: Deutschland und der Libyen-Konflikt: Zivilmacht ohne Zivilcourage (Essay), in: Aus Politik und Zeitgeschichte: Arabische Zeitenwende, Band 39, Bonn 2011, S. 52f.

ARBEITSAUFTRÄGE

1. Führen Sie eine Konfliktanalyse nach bekanntem Muster zum Libyenkonflikt durch!
Anmerkung: Informieren Sie sich über die Konfliktanalyse im Themenheft „Internationale Sicherheits- und Friedenspolitik" der Reihe politik. wirtschaft. gesellschaft. auf den Seiten 58–61.

2. Verdeutlichen Sie in diesem Konflikt die Rollen und Positionen der UNO, der NATO, der EU und Deutschlands und gewichten Sie diese!

3. Legen Sie dar, welche Versäumnisse der deutschen Außenpolitik im Rahmen des Libyenkonflikts vorgeworfen werden!

4. Überprüfen Sie die Aussage, dass das jetzige Machtvakuum in Libyen Gefahren birgt, die durch die internationale Gemeinschaft verursacht wurden!

5. Diskutieren Sie kritisch die Frage, ob eine Besetzung Libyens durch die NATO sinnvoller gewesen wäre!

Methodenkompetenztraining: Karikaturanalyse

Karikaturen gehören zu den klassischen politischen Darstellungen der letzten Jahrhunderte.

Eine Karikatur will üblicherweise auf gesellschaftliche, soziale und politische Probleme aufmerksam machen. Dazu bedient sie sich der Überzeichnung und Symboliken, um das Problem zu verdeutlichen oder auch zu vereinfachen.

In der Regel haben Karikaturen eine Kritikfunktion. Sie sind weniger für den politischen Lösungsansatz geeignet, sondern sollen als Anregung zur Problemstellung und Lösungssuche dienen.

Konkretes Beispiel

Bei der Analyse von Karikaturen sollten Sie sich aller Informationen bedienen, die Ihnen Bild und Text zur Verfügung stellen. In fünf systematischen Schritten können Sie sich diese Informationen erschließen, wie Ihnen das folgende Beispiel zeigt:

1. Schritt:

Mit dem Untertitel: „… weiter darf ich nicht!" zum Thema Libyenkonflikt ist diese Karikatur von Horst Haitzinger am 14. April 2011 in der Rhein-Zeitung erschienen.

2. Schritt:

Die Karikatur steht im Zusammenhang mit dem Bürgerkrieg in Libyen und dem Eingreifen der NATO im Rahmen der UN-Resolution 1973, die u. a. eine Unterstützung der Rebellen durch gezielte Luftschläge vorsah.

3. Schritt:

Die Karikatur zeigt auf der linken Seite eine Schlange mit einem verschlagenen menschlichen Gesicht sowie einer Kopfbedeckung und der Aufschrift „Gaddafi-Regime". Im Würgegriff der Schlange befindet sich ein Mann mit der Aufschrift „Opp.", der mit ausgestrecktem Zeigefinger die linke Hand hebt und stark schwitzt. Auf der rechten Seite der Zeichnung befindet sich ein Soldat mit der Aufschrift „NATO" auf seinem Schutzhelm, der in der rechten Hand ein Schwert hält, das der Schlange gerade die Schwanzspitze abgeschlagen hat. Der Soldat sagt zu dem schwitzenden Mann: „Bedaure, weiter darf ich nicht!" und zeigt gleichzeitig auf ein Schild, das in der Mitte zwischen der Schlange mit dem Mann und dem Soldat steht. Es trägt die Aufschrift: „Stop! Grenze des UN-Mandats". Diese Grenze wird durch eine Trennlinie am Boden markiert.

Abb. 56.1: Karikatur Horst Haitzinger (erschienen in der Rhein-Zeitung am 14. April 2011)

4. Schritt:

Der Karikaturist kritisiert die selbstauferlegte Schwäche der Internationalen Gemeinschaft gegenüber den Libyschen Machthabern: Auf der einen Seite existiert ein völkerrechtliches Mandat (Resolution 1973) der Vereinten Nationen (UNO), um mithilfe der NATO militärisch (Soldat/Schwert) ein weiteres Blutvergießen unter der libyschen Zivilbevölkerung zu verhindern. Auf der anderen Seite begrenzt sich die Internationale Gemeinschaft durch das eigene Mandat, da lediglich Luftschläge gegen das Gaddafi-Regime die Zivilbevölkerung schützen und die Rebellion unterstützen sollen. Eine Invasion und Besatzung mit Bodentruppen ist nicht vorgesehen. Dieses gibt dem Machthaber Gaddafi (Kopf der Schlange mit dessen typischer Kopfbedeckung) und seinen Getreuen („Gaddafi-Regime" auf dem Leib der Schlange) nach wie vor die Möglichkeit, ihre politischen Gegner („Opp." wie Opposition auf der Kleidung des Zivilisten) zu unterdrücken (Würgegriff der Schlange).

Drei Sichtweisen auf das Problem werden deutlich:

a) Die UNO konnte sich nicht auf ein robusteres Mandat einigen, um der Zivilbevölkerung/Opposition besser helfen zu können.

b) Auch die NATO sieht sich an das Mandat der UNO gebunden und ist nicht bereit, eigene Schritte einzuleiten.

c) Der Machthaber Gaddafi sieht das militärische „Muskelspiel" gelassen, da er die Tragweite des Mandats zu diesem Zeitpunkt richtig einschätzt. Solange keine alliierten Bodentruppen im Land sind, existieren mehr Möglichkeiten, der Opposition Herr zu werden.

Grundsätzlich ist dem Karikaturisten Haitzinger recht zu geben: Die Internationale Gemeinschaft, allen voran der UN-Sicherheitsrat, ist durch sein Entscheidungsverfahren (Vetorecht der ständigen Mitglieder) in der Regel einem längeren Prozess unterworfen, bis man allen Sicherheitsratsmitgliedern gerecht geworden ist. Das kann – wie im Fall Libyens – zu einem weniger robusten Mandat führen, das den Konflikt verlängert. Andererseits ist zu fragen: Warum hat sich die Internationale Gemeinschaft zu einer libyschen Resolution entschieden, nicht aber zu anderen Konflikten innerhalb des „Arabellion"?

Allerdings zeigen der Tod Gaddafis und die Übernahme der Regierung durch die Rebellen, dass die Internationale Gemeinschaft mit den angewandten Mitteln (Luftschläge, Embargos, Einfrieren von ausländischem Kapital) mittelfristig Erfolg gehabt hat, wobei die Zahl der Opfer, die man durch Bodentruppen vielleicht hätte verhindern können, bei der Konfliktlösung in den Hintergrund getreten ist.

5. Schritt:

Die Hauptkritik Haitzingers bezieht sich auf die Folgen des Handelns der Internationalen Gemeinschaft. Konkret sollte die UNO (und im Nachgang dessen auch die NATO) überlegen, welche Wirkung ihre Entscheidungen auf potenzielle Gegner hat und inwieweit diese Entscheidungen zielführend sind. Im Fall Gaddafi brachten sie zwar schlussendlich einen Sieg der Opposition, allerdings ließ die Resolution das Gaddafi-Regime selbst bis zum Ende unbeeindruckt.

In fünf Schritten zur Karikaturanalyse	
1. Schritt: Klären Sie zunächst Titel und Herkunft der Karikatur.	• Wie lautet der Titel der Karikatur? • Wie heißt der Karikaturist (ggf. weitere biografische Informationen benennen, z. B. Lebensalter, Wohnort, Arbeit für eine bestimmte Zeitung, o. Ä.)? • Wann ist die Karikatur erschienen? Wo ist die Karikatur erschienen?
2. Schritt: Stellen Sie einen Zusammenhang zwischen der Karikatur und einem politischen, wirtschaftlichen oder historischen Ereignis her.	Kurze Darstellung eines • politischen Sachverhaltes, • wirtschaftlichen Ereignisses oder • historischen Kontextes.
3. Schritt: Gehen Sie auf die Gestaltung der Karikatur beschreibend ein.	• Beschreibung der Bildelemente von links nach rechts (Vordergrund, Mittelgrund, Hintergrund) • Beschreibung der Anordnung der Bildelemente • Nennung von Worten, Schriftzügen, Zahlen und Symbolen
4. Schritt: Interpretieren Sie die Karikatur.	• Welche Aussage möchte der Karikaturist machen, welche Kritik möchte er äußern? • Steht eine bestimmte Sichtweise oder Überzeugung des Karikaturisten hinter der Aussage? • Ist der Aussage des Karikaturisten zuzustimmen oder lassen sich seine Kritikpunkte anders betrachten und gegebenenfalls überzeugend widerlegen?
5. Schritt: Fassen Sie die wesentlichen Inhalte der Karikaturanalyse kurz zusammen.	• Quintessenz der eigenen Analyseüberlegungen

ARBEITSAUFTRAG

1. Recherchieren Sie im Internet eine weitere Karikatur zum Libyenkonflikt und führen Sie eine Karikaturanalyse nach obigem Muster durch! Präsentieren Sie Ihrem Kurs das Ergebnis!

4.1 Internationaler Handel – am Ende des Wachstums?

M 1 Entwicklung der Transport- und Kommunikationskosten

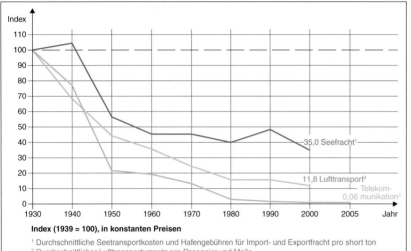

Index (1939 = 100), in konstanten Preisen

¹ Durchschnittliche Seetransportkosten und Hafengebühren für Import- und Exportfracht pro short ton
² Durchschnittlicher Lufttransportumsatz pro Passagier und Meile
³ Kosten eines 3-minütigen Telefongespräches von New York nach London

M 1 und M 2: Matthias Busse nach HWWA Discussion Paper Nr. 116; Bundesverband der Deutschen Industrie (BDI): Außenwirtschafts-Report 04/2002; United Nations Conference on Trade and Development (UNCTAD): Maritime Transport Review 2009, aufgerufen unter www.bpb.de/nachschlagen/zahlen-und-fakten/ globalisierung/52499/transport-und-kommunikation am 14. Januar 2013

M 3 Energiekosten

„Die Transportkosten sind zu vernachlässigen." Diesen Satz haben Millionen Volkswirtschaftsstudenten gelernt, wenn sie sich an der Universität mit der neoklassischen Außenwirtschaftstheorie befasst haben. Ihre 5 zentrale Aussage: Die Herstellung eines Gutes siedelt sich dort an, wo die Wirtschaft am besten versorgt ist mit dem Produktionsfaktor, der dafür am meisten gebraucht wird. [...] Gemeinsam mit der politischen 10 Durchsetzung geringerer Zölle und [der Beseitigung] anderer Handelshemmnisse beförderte dieser Gedanke die Globalisierung der Wirtschaft, nicht erst seitdem 1947 der Gatt-Vertrag geschlossen wurde.

Aber sind Transportkosten wirklich zu vernachlässigen? Be- 15 reits ab den Achtzigerjahren rückten sie in der Theorie wieder stärker in den Fokus. Der amerikanische Ökonom Paul Krugman erweckte Elemente einer deutschen Tradition neu: In der Folge von Wissenschaftlern wie Johann Heinrich von Thünen oder Walter Christaller erklärte er den Standort von 20 Industrieansiedlungen mit dem Unternehmensziel, die Transportkosten gering zu halten. Die herrschende Lehre aber hat er mit seinen regionalökonomischen Arbeiten nicht über den Haufen geworfen.

[...] Das zu tun schickt sich jetzt ein kanadisches Autorenpaar 25 an: Gemeinsam mit Benjamin Tal hat Jeff Rubin, Chefökonom der kanadischen Investmentbank CIBC Worldmarket, eine These aufgestellt, die seit einigen Wochen heiß diskutiert wird: „Die Globalisierung ist umkehrbar", schreiben die beiden Ökonomen in einer Untersuchung. Ein Ölpreis von 30 150 Dollar pro Barrel hebe alle Vorteile weggefallener Zölle seit Beginn der Marktliberalisierung auf. Um das zu belegen, rechnen sie die Ölpreise um in sogenannte Zoll-Äquivalente: Ein Preis von 150 Dollar je Fass entspricht demnach einem Zoll von 11 Prozent auf die Waren – und somit dem durch- 35 schnittlichen Niveau der Siebzigerjahre.

Der Transport eines herkömmlichen Vierzig-Fuß-Containers (rund 12 Meter lang, 2,60 Meter hoch und 2,40 Meter breit) kostet inzwischen 8000 Dollar und damit 5000 Dollar mehr, als wenn der Ölpreis nur 20 Dollar beträgt. Bei einer solchen 40 Höhe wirken sich die Transportkosten, so meinen es zumindest Rubin und Tal, auch auf die Struktur des Welthandels aus. Erste Indizien für ihre These wollen sie in der Beobachtung

M 2 Transport- und Kommunikation

Obwohl einzelne Güter schon früh über große Entfernungen transportiert wurden, hat sich das ökonomische Handeln den größten Teil der Menschheitsgeschichte auf die lokale Ebene bezogen. Auch heute spielt die lokale Ebene eine wichtige 5 Rolle. Aber seit etwa 200 Jahren und noch einmal verstärkt in den vergangenen 50 Jahren hat der grenzüberschreitende Handel stetig an Bedeutung gewonnen. Neben expansiven Unternehmensstrategien ermöglichen vor allem sinkende Transport- und Kommunikationskosten die Ausweitung des 10 grenzüberschreitenden Handels.

[...] Während die Kommunikationskosten vor allem aufgrund technischer Entwicklungen und der Entstehung eines Massenmarktes gesunken sind, profitierte der Transportsektor zusätzlich von relativ sinkenden Rohölpreisen seit Anfang der 15 1980er-Jahre bis zum Ende der 1990er-Jahre. Marktliberalisierungen wirkten sich in beiden Bereichen kostensenkend aus.

Erst die relativ sinkenden Kosten für Transport und Kommunikation und die parallele Verbreitung globaler Transport- 20 und Kommunikationsnetze haben neue Produktions-, Vermarktungs- und Absatzstrategien sowie einen allgemeinen globalen Austausch ermöglicht.

Dabei sind sinkende Transport- und Kommunikationskosten nicht nur eine Voraussetzung für die Globalisierung, sondern 25 werden ihrerseits von ihr beeinflusst: Durch eine größere Nachfrage von Dienstleistungen im Kommunikationsbereich, wachsende Gütermengen im Transportwesen und schnellere Verbreitung technischer Entwicklungen können logistische Leistungen günstiger angeboten – und im nächsten Schritt 30 wiederum stärker nachgefragt – werden. Erst wenn das Angebot langsamer wächst als die Nachfrage, steigen die Preise.

erkennen, dass Stahl aus den Vereinigten Staa-
45 ten inzwischen wieder den Wettbewerb mit
der chinesischen Konkurrenz aufnehmen kann,
der erst teuer von dort verschifft werden muss.
In ihrem Fazit benennen die Kanadier die gestiegenen Transportkosten nach der Ölkrise als
50 Hauptursache des sinkenden Handelsvolumens
in der Zeit von 1973 bis 1987.
[...] „Die Arbeit ist sehr interessant, aber in
ihrer Grundaussage sicherlich stark übertrie-
ben", sagt Karlhans Sauernheimer (Universität
55 Mainz). „Das wachsende Einkommen in den
asiatischen Staaten löst einen solchen Im-
portsog aus, dass der Welthandel durch hohe
Transportkosten allenfalls abgebremst wird",
sagt der Ökonom. [...] „Die Transportkosten
60 sind sicherlich ein Effekt, der die Globalisierung beeinflusst, aber eben nur einer unter
vielen", resümiert Sauernheimer. [...]
Und [...] in Deutschland kommen einige Indus-
trielle auf den Gedanken, Teile ihrer Fertigung
65 nicht mehr in Osteuropa zu belassen. „Manche
meiner industriellen Kunden wollen ihre Produktion hierher zurückholen", sagt ein Mittelständler aus der
metallverarbeitenden Industrie. „Das belebt das regionale
Geschäft." Würden fertig montierte Baugruppen im Wert von
70 rund 800 Euro transportiert, könnten die Transportkosten
nach dem jüngsten Spritpreisanstieg auf 55 bis 80 Euro pro
Bauteil steigen, kalkuliert der Unternehmer. „Einige haben
die Logistik unterschätzt." [...]
Eine Umkehr der Globalisierung erwartet auch Karl Nowak
75 nicht. Er ist Logistikchef des Geräteherstellers und Autozulieferers Bosch. „Kurze Wege von unseren Zulieferern und
unseren Werken zu unseren Kunden haben wir schon immer
angestrebt. Diese strategische Entscheidung hilft uns natürlich, mit den höheren Transportkosten umzugehen", sagt der
80 Manager. Im kommenden Jahr feiert der Konzern ein 100. Ju-
biläum: So lange schon produziert Bosch in China. Seit 86
Jahren sind die Stuttgarter auch in Indien aktiv.

*Philipp Krohn: Teures Öl. Wird sich die Globalisierung umkehren?,
in: Frankfurter Allgemeine Zeitung vom 28. Juni 2008, aufgerufen
unter www.faz.net/aktuell/wirtschaft/wirtschaftswissen/teures-
oel-wird-sich-die-globalisierung-umkehren-1544737.html
am 12. Januar 2013*

M5 Jeff Rubin: Ende der Globalisierung

[...] Wirtschaftswachstum, eine wachsende Weltbevölkerung
und technischer Wandel würden im Gegenteil dafür sorgen,
dass der Energiebedarf weitaus stärker steigt als die Energie-
menge, die durch Einsparungen gewonnen werden könne.
5 Auch grüne Energien könnten die Lücke nicht schließen,
prognostiziert der Kanadier [Jeff Rubin], der Chefökonom bei
einer Großbank war und als einer der weltweit besten Kenner
des Ölmarkts gilt. Also werde der Ölpreis in die Höhe schießen
– und zwar weit über die knapp 150 Dollar je Barrel hinaus,
10 die vor zwei Jahren den bisherigen Rekord markierten.
Folge wäre nicht nur, dass auch andere Preise steigen. Teurer würden Autofahren, Fliegen und der Seetransport, teurer würden Fleisch, Fisch oder Plastik. Vor allem aber die

M4 Prognose – „Peak-Oil": Fördermaximum von konventionellem Erdöl

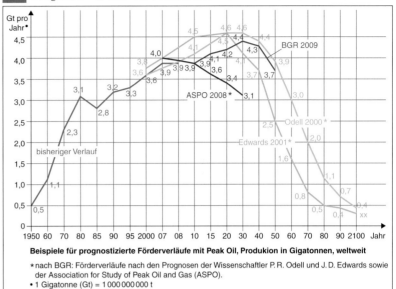

Beispiele für prognostizierte Förderverläufe mit Peak Oil, Produkion in Gigatonnen, weltweit

* nach BGR: Förderverläufe nach den Prognosen der Wissenschaftler P. R. Odell und J. D. Edwards sowie
der Association for Study of Peak Oil and Gas (ASPO).
• 1 Gigatonne (Gt) = 1 000 000 000 t

*Bundeszentrale für Geowissenschaften und Rohstoffe (BGR), aufgerufen unter
www.bpb.de/nachschlagen/zahlen-und-fakten/globalisierung/52761/peak-oil
am 14. April 2013*

steigenden Transportkosten hätten Auswirkungen. Billig-
produzenten aus dem Fernen Osten würden einen Teil ihrer 15
Kostenvorteile verlieren. „Ein billiger Lieferant", schreibt der
Autor, werde in Zukunft nur noch „der Lieferant in der engeren Umgebung sein".
Damit würde das Ende der Globalisierung eingeläutet. Flach-
bildschirme, Möbel oder Rasenmäher müssten künftig wieder 20
aus Fabriken in Europa oder Nordamerika kommen; die während der vergangenen Jahrzehnte ins billige Ausland verlager-
te heimische Industrie könnte neu erblühen. Weil Guacamole
praktisch unerschwinglich, Kaffee für viele viel zu teuer und
die Speisekarte eines Durchschnittsmenschen wegen der ra- 25
sant steigenden globalen Transportkosten insgesamt viel kleiner wäre, würden auch die regionalen Landwirtschaften profitieren. „Die Globalisierungskräfte der vergangenen Jahrzehnte
werden sich ganz plötzlich verflüchtigen", prognostiziert Rubin. „Die Vergangenheit (wird) wieder zum Leben erwachen". 30

*Christian Tenbrock über Jeff Rubins Buch „Warum die Welt immer
kleiner wird", in: Peak Oil. Globalisierung im Rückwärtsgang, in:
ZEIT ONLINE vom 5. November 2010, aufgerufen unter www.zeit.de/
2010/45/Rezensionen-Oel am 15. Januar 2013*

ARBEITSAUFTRÄGE

1. Interpretieren Sie die Materialien M1 und M4!
   Lesen Sie dazu zunächst die nachfolgende
   Methodendoppelseite (S. 60 f.)!

2. Geben Sie anhand von M1/M2 die Bedeutung der
   Transport- und Kommunikationskosten für den
   Prozess der Globalisierung wieder!

3. Werten Sie M3 und M4 hinsichtlich der Prognose der
   „Umkehrbarkeit der Globalisierung" aus!

4. Beurteilen Sie mögliche Auswirkungen der
   Entwicklungen, die Jeff Rubin prognostiziert (M5)!
   Beziehen Sie auch wirtschafts- und sicherheits-
   politische Aspekte in Ihre Überlegungen mit ein!

Methodenkompetenztraining: Diagrammanalyse

Diagramme und Grafiken veranschaulichen Zahlenverhältnisse, Entwicklungen und mögliche Zusammenhänge. Sie sind aber kritisch zu hinterfragen, denn mitunter wird über die grafische Darstellung versucht, Sachverhalte im Sinne des Auftraggebers in einer bestimmte Weise erscheinen zu lassen oder bestimmte Schlussfolgerungen nahezulegen (interessengebundene Aussageabsicht). Komplexere Grafiken erschließen sich dem Betrachter erst nach einer genauen Analyse.

Leicht zu merken und für alle Diagramme anwendbar ist die hier vorgestellte Drei-Schritt-Methode.

Konkretes Beispiel:

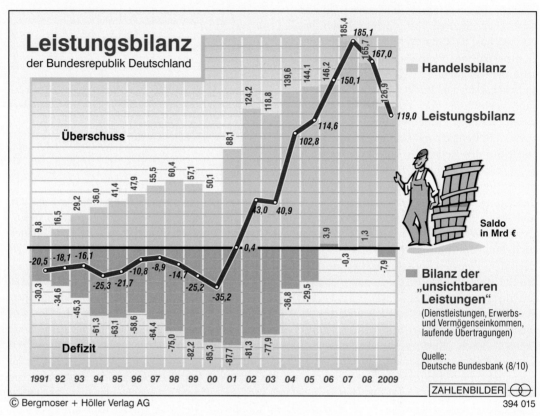

© Bergmoser + Höller Verlag AG

394 015

---

1. Schritt:

WAS ist dargestellt?

Dargestellt ist die Leistungsbilanz der Bundesrepublik Deutschland in den Jahren 1991 bis 2009. Das Diagramm entstammt der Reihe „Zahlenbilder" des Verlags Bergmoser + Höller und beruht auf Daten der Deutschen Bundesbank vom August 2010.

---

2. Schritt:

WIE wird der Inhalt dargestellt?

Auf der x-Achse sind die Jahre von 1991 bis 2009 abgetragen. Auf der y-Achse sind die Salden der Handelsbilanz (hellblau), der Leistungsbilanz (rot) und der Bilanz der „unsichtbaren Leistungen" (dunkelblau: Dienstleistungen, Erwerbs- und Vermögenseinkommen, laufende Übertragungen) in Milliarden Euro dargestellt. Letztere und die Handelsbilanz sind in Form von (hell- und dunkelblauen) Säulen abgebildet, während die Salden der Leistungsbilanz als Liniendiagramm (rot) präsentiert werden.

---

3. Schritt:

WAS FÄLLT AUF?

Es fällt auf, dass die deutsche Handelsbilanz im betrachteten Zeitraum stets positive Salden aufweist, während bei der Bilanz der „unsichtbaren Leistungen" – bis auf zwei Ausnahmen in den Jahren 2006 und 2008 – stets deutlich negative Salden festzustellen sind. Die Leistungsbilanz fasst die Handelsbilanz und die Bilanz der „unsichtbaren Leistungen" zusammen. Von 1991 bis 2000 war die deutsche Leistungsbilanz negativ. Ab 2001 konnten die hohen Handelsbilanzüberschüsse (Rekordjahr 2007) die Defizite bei den „unsichtbaren Leistungen" mehr als ausgleichen. Die Leistungsbilanzüberschüsse wuchsen in den Jahren 2001–2007, gingen 2008 und 2009 allerdings etwas zurück.

Analyseschritte für Diagramme, Schaubilder und sonstige grafische Darstellungen

Leitfragen	Beispiele
Inhalt: WAS ist im Schaubild dargestellt?	
• Thema des Schaubilds	Überschrift/Titel des Schaubilds, Quelle der Daten, Gestalter des Diagramms
Form: WIE wird der Inhalt dargestellt?	Liniendiagramm
• Wie ist das Schaubild grafisch umgesetzt?	
• Welche Diagrammart liegt vor?*	
• Was ist auf der x-Achse, was auf der y-Achse dargestellt?*	
	Säulendiagramm
	Balkendiagramm
	Kreisdiagramm
Aussagen: WAS FÄLLT bei der Auswertung des Schaubilds AUF?	
• Worin liegt die Hauptaussage?	Bestimmte Aussageabsichten lassen sich durch die Wahl des Ausgangsjahres betonen. Oder aber durch die Skalierung der Achsen: Wenn eine Entwicklung betont werden soll, beginnt die y-Achse nicht bei null und die Abstände zwischen den Skalenwerten werden besonders groß gewählt.
• Welche Entwicklung lässt sich ablesen?*	
• Welche Zusammenhänge sind zu erkennen?*	
• Welche Schlussfolgerungen lassen sich ziehen?*	
• Gibt es Anzeichen dafür, dass das Schaubild manipulativ gestaltet ist? Wenn ja, welche? Welche Aussagen werden dem Betrachter nahegelegt?*	

* = nicht bei allen Schaubildern bzw. Diagrammen anwendbar

ARBEITSAUFTRAG

1. Suchen Sie sich aus Fachbuch/Zeitung/Internet ein Diagramm zur Thematik global agierender Unternehmen und wenden Sie die Interpretationsmethode der drei Schritte darauf an!

4.2 Standort Deutschland im Rahmen der Globalisierung

M1 VW eröffnet neues Werk in den USA

Als letzter großer deutscher Autokonzern hat Volkswagen ein eigenes Werk in den USA eröffnet. Vorstandsvorsitzender Martin Winterkorn weihte am Dienstag die weltweit 62. VW-Fabrik in Chattanooga im US-Bundesstaat Tennessee ein. Für
5 eine Investitionssumme von 1 Milliarde Dollar (700 Millionen Euro) wurde die Produktionsstätte in nur zwei Jahren errichtet. „Volkswagen ist heute mehr in Amerika zuhause als je zuvor", sagte Winterkorn zu Eröffnung vor der Belegschaft. Gleichzeitig gab er eine Garantie für das VW-Werk im niedersäch-
10 sischen Emden ab, wo bisher Autos für den Export in die USA gebaut wurden. „Emden muss sich keine Sorgen machen", sagte Winterkorn.
Das Werk mit 2000 Mitarbeitern im Endausbau soll die jahrelange Krise des größten Autobauers Europas auf dem ameri-
15 kanischen Markt beenden, wo in den letzten Jahren vor allem wegen des starken Eurokurses Milliardenverluste entstanden waren. BMW und Mercedes betreiben seit Jahren US-Werke, die ebenfalls im Süden des Landes angesiedelt sind. Audi erwägt eine Produktion im jetzt eröffneten Werk der Konzernmutter.
20 VW produziert in Chattanooga einen extra für Nordamerika konzipierten Ableger der Mittelklasselimousine Passat, die mit einem Kampfpreis von rund 20.000 Dollar (14.000 Euro) Kunden der erfolgreichen japanischen Konkurrenten anlocken soll. Hauptwerk des Passats ist Emden.
25 [...] Winterkorn kündigte an, der VW-Konzern wolle seinen US-Absatz verdreifachen. „Der Konzern will bis 2018 jährlich eine Million Fahrzeuge in den USA verkaufen." 2010 waren das rund 360000 in einem Markt von über 11 Millionen Neufahrzeugen. Winterkorn rechnet mit einem Wachstum des US-Marktes auf
30 über 15 Millionen Stück. VW verliert seit Jahren Geld in den USA, weil viele Fahrzeuge aus dem Euroraum eingeführt werden und dem Konzern so hohe Währungsverluste entstehen. Mit dem US-Werk will der Autobauer aus Niedersachsen die Währungsverluste eindämmen, denn mehr als 85 Prozent der Teile
35 kommen aus dem Dollarraum. VW plant zunächst eine Jahresproduktion in Chattanooga von 150000 Stück, die aber bei guter Nachfrage kurzfristig auf 250000 Stück angehoben werden kann. Winterkorn kündigte an, eine Vergrößerung des Werks sei ebenfalls kurzfristig möglich. „Das könnte schon in 12 Monaten
40 passieren", sagte der Konzernchef. Er schloss aber aus, dass in den USA produzierte Autos nach Europa exportiert werden.

dapd: VW-Werk in den USA eröffnet, in: FOCUS Online vom 24. Mai 2011, aufgerufen unter www.focus.de/finanzen/finanz-news/volkswagen-vw-werk-in-den-usa-eroeffnet_aid_630729. html am 26. Januar 2013

M3 Warum gehen Unternehmen ins Ausland?

Die Verlagerung wirtschaftlicher Aktivitäten deutscher Unternehmen ins Ausland ist ein Aspekt, der häufig im Zusammenhang mit der Globalisierung diskutiert wird. Nach Angaben einer Erhebung, die in Deutschland bei 20000 Unternehmen
5 mit 100 und mehr Beschäftigten des nichtfinanziellen Sektors der gewerblichen Wirtschaft durchgeführt wurde, verlagerten rund 14 Prozent der Unternehmen zwischen 2001 und 2006 Aktivitäten vom heimischen Standort ins Ausland. Vor allem

M2 Mögliche Motive für unternehmerische Auslandinvestitionen

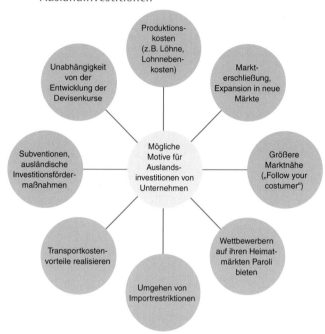

bei Industrieunternehmen ist dieses Globalisierungsphänomen überdurchschnittlich stark ausgeprägt: 20 Prozent verlagerten 10 Aktivitäten ins Ausland. In der übrigen Wirtschaft waren 7 Prozent der Unternehmen an Verlagerungen ins Ausland beteiligt. Die beiden wichtigsten Verlagerungsmotive sind die Senkung der Lohnkosten und der Zugang zu neuen Absatzmärkten. Beide Gründe waren für mehr als vier Fünftel aller befragten 15 Unternehmen von Bedeutung (82 Prozent). Neben den Lohnkosten wurden auch „andere Kosten" überdurchschnittlich oft als Verlagerungsmotiv genannt (74 Prozent). Mehr als die Hälfte aller Unternehmen gab an, dass Steueranreize (59 Prozent) und strategische Vorgaben (58 Prozent) eine wichtige/ 20 sehr wichtige Rolle bei der Verlagerung spielen. Jeweils knapp die Hälfte aller Unternehmen nannte als Verlagerungsmotiv ein „neues Geschäftsmodell", „geringere Regulierung" sowie die „Produktentwicklung".
Die Ergebnisse der Erhebung zeigen weiter, dass tendenziell 25 größere Unternehmen Verlagerungen ins Ausland vornehmen. So betrug der Anteil der Unternehmen mit 1000 und mehr Beschäftigten an allen Unternehmen lediglich 5 Prozent, der Anteil an den Auslandsverlagerungen war jedoch mit 9 Prozent beinahe doppelt so hoch. Auf der anderen Seite 30 stammten aus der Gruppe der Unternehmen mit 100 bis unter 250 Beschäftigten, die in Bezug auf die Anzahl 67 Prozent aller Unternehmen ausmachten, lediglich 56 Prozent der auslandsverlagernden Firmen.
Insgesamt erfüllten sich bei mehr als der Hälfte der befragten 35 Unternehmen die Erwartungen an ein Engagement im Ausland. Das Ziel, einen besseren Zugang zu neuen Märkten zu erhalten, erreichte laut eigenen Angaben mehr als die Hälfte aller Unternehmen. Rund zwei Drittel der Unternehmen verzeichneten positive Auswirkungen auf die Lohnkosten. Und die 40 Hälfte der Unternehmen stellte infolge einer Verlagerung auch eine Senkung der übrigen Kosten fest. Fast drei Viertel aller

Unternehmen konnten ihre Position im Wettbewerb durch eine
45 Verlagerung ins Ausland stärken. Wesentliche unternehmerische Nachteile werden hingegen kaum gesehen. Allenfalls war die Neuausrichtung der Logistik mit einem
50 höheren Aufwand verbunden.

In einer vom Verein Deutscher Ingenieure (VDI) in Auftrag gegebenen Studie des Fraunhofer Instituts für System- und Inno-
55 vationsforschung wird allerdings darauf hingewiesen, dass nicht jede Verlagerung die erhoffte Kostensenkung bringt. Dies auch deshalb, weil viele Unternehmen
60 die Kosten für Anlaufzeiten, Betreuung, Koordination, Qualitätssicherung und betriebliche Kontrolle unterschätzen oder gar nicht erst berücksichtigen. Auch
65 kulturelle Unterschiede können zum Beispiel durch verschiedene Kommunikationsstile oder Arbeitsweisen die Kosten erhöhen. Neben einer Unterschätzung der Kosten werden teilweise auch die Einsparpotenziale überschätzt: Die Lohnkosten
70 – das Hauptmotiv für die Verlagerung – machen in vielen Betrieben nur noch 10 Prozent der Gesamtkosten aus, die Einsparmöglichkeiten sind hier entsprechend begrenzt. Die Studie kommt zu dem Schluss, dass bei Berücksichtigung aller Faktoren die alternativen Standorte häufig teurer sind,
75 als von den Unternehmen angenommen. Gerade bei den Unternehmen, bei denen die Markterschließung keine zentrale Rolle spielt, kann es deshalb auch zu einer Rückverlagerung der Produktion kommen.

Nach Angaben des Statistischen Bundesamtes bauten die
80 Unternehmen mit 100 und mehr Beschäftigten in den Jahren 2001 bis 2006 durch Verlagerungen insgesamt 189 000 Stellen in Deutschland ab. Ebenfalls verlagerungsbedingt wurden parallel 105 000 neue Arbeitsplätze am heimischen Standort geschaffen, also rund 56 Prozent der verlagerten Arbeits-
85 plätze. Laut VDI liegt die Zahl der verlagerten Arbeitsplätze sogar bei mehr als 70 000 pro Jahr und damit deutlich höher. Bei der Beurteilung dieser Arbeitsplatzbilanz ist allerdings zu beachten, dass Unternehmen, die ihre Wettbewerbsposition nicht durch Verlagerung verbessern, Marktanteile an die in-
90 ternationale Konkurrenz verlieren können. Auch in diesem Fall kann es zu Arbeitsplatzverlusten kommen.

Bundeszentrale für politische Bildung (Hrsg.): Dossier „Globalisierung", aufgerufen unter www.bpb.de/wissen/ Y6I2DP,0,0, Globalisierung.html am 2. Januar 2012

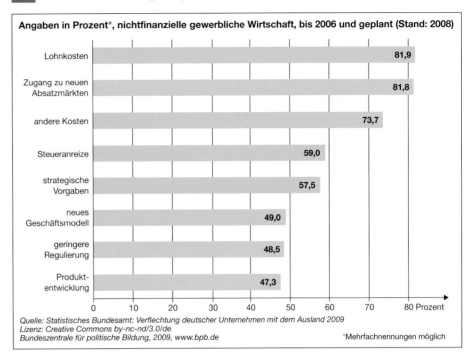

M4 Motive für die Verlagerung wirtschaftlicher Aktivitäten

Angaben in Prozent*, nichtfinanzielle gewerbliche Wirtschaft, bis 2006 und geplant (Stand: 2008)

Motiv	Prozent
Lohnkosten	81,9
Zugang zu neuen Absatzmärkten	81,8
andere Kosten	73,7
Steueranreize	59,0
strategische Vorgaben	57,5
neues Geschäftsmodell	49,0
geringere Regulierung	48,5
Produktentwicklung	47,3

*Quelle: Statistisches Bundesamt: Verflechtung deutscher Unternehmen mit dem Ausland 2009
Lizenz: Creative Commons by-nc-nd/3.0/de
Bundeszentrale für politische Bildung, 2009, www.bpb.de* *Mehrfachnennungen möglich

Investitionsprojekte – und schufen dabei mehr als 26 000 neue Jobs. Im Vergleich zu 2010 ist das ein Plus von 77 Prozent. Deutschland springt damit im IBM-Ranking vom 15. auf den achten Platz und koppelt sich vom internationalen Trend ab: Weltweit ist die Zahl neuer Auslandsprojekte im Vergleich 10 zu 2010 um acht Prozent gesunken. Während auch in Großbritannien, Frankreich und Spanien mehr investiert wurde, verzeichneten die USA, aber auch die Schwellenländer China, Indien und Russland zweistellige Rückgänge. Das wichtigste Land für Auslandsinvestitionen bleibt aber weiterhin China, 15 gefolgt von Indien und den USA. [...]

„Die Firmen wollen nah dran sein an den Konsumenten und Handelspartnern des größten europäischen Marktes", erklärt IBM-Forscher Roel Spee die steigende Beliebtheit Deutschlands für Firmen aus dem Ausland. Auch sei der deutsche 20 Arbeitsmarkt durch die Reformen der letzten Jahre deutlich flexibler und somit attraktiver geworden. [...]

Hans C. Müller: Standort Deutschland wird immer beliebter, vom 18. Januar 2013, aufgerufen unter www.handelsblatt.com/ unternehmen/industrie/globaler-trend-standort-deutschland-wird-immer-beliebter/7650700.html am 27. Januar 2013

M5 Standort Deutschland

Ausländische Firmen haben ihre Aktivitäten in Deutschland deutlich ausgeweitet. Das geht aus dem neuen „Global Location Trends"-Report des IBM-Konzerns hervor, [der] dem Handelsblatt exklusiv vorliegt. Demnach starteten ausländi-
5 sche Unternehmen im Jahr 2011 weit über 600 große neue

ARBEITSAUFTRÄGE

1. *Stellen Sie die Motive des Autoherstellers VW zusammen, eine Produktionsstätte in den USA zu errichten!*

2. *„Arbeitsplatzverlagerungen ins Ausland erhalten Arbeitsplätze in Deutschland" – erläutern Sie diese Aussage und nehmen Sie dazu Stellung! Beziehen Sie dabei M3 und M4 ein!*

3. *Erarbeiten Sie, ausgehend von M5, einen Überblick über den „Standort Deutschland"! Betrachten Sie dabei unter anderem die Faktoren Innovationsfähigkeit, Unternehmertum, Wettbewerb und Beschäftigungspolitik!*

M 6 Wie ein weltweit aktives Unternehmen funktioniert

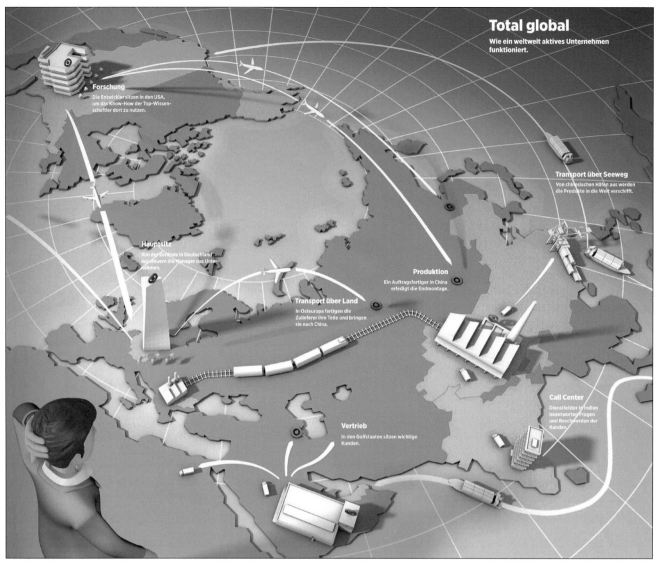

Quelle: Handelsblatt Nr. 234 vom 02.12.2011 © Handelsblatt GmbH. Alle Rechte vorbehalten.

M 7 Die nächste Welle der Globalisierung

Paradigmenwechsel: Die Jagd nach dem billigsten Produktionsstandort geht derzeit zu Ende. Unternehmen von morgen bauen reißfeste Lieferketten und suchen Talente auf der ganzen Welt.

Der Mann, der den Begriff der Globalisierung in die Umgangssprache einführte, hat in vielen Dingen Recht behalten. „Die Bedürfnisse und Sehnsüchte der Welt sind unwiderruflich homogenisiert worden", schrieb der deutschstämmige
5 Professor Theodore Levitt 1983 in einem epochemachenden Aufsatz in der Zeitschrift „Harvard Business Review". Darin sagte er den „Aufstieg globaler Märkte für standardisierte Konsumprodukte in einem bisher unvorstellbaren Ausmaß" voraus. Die dadurch mögliche Massenproduktion werde die
10 Preise drücken und globale Konzerne entstehen lassen.

Was Levitt damals noch nicht einmal ahnen konnte, waren spätere Großereignisse wie das Ende des Ostblocks oder die Öffnung der Milliardenmärkte China und Indien. Diese ergänzten die Globalisierung der Produktwelt um
15 die Globalisierung der Arbeitswelt, die noch viel größere

Kostensenkungen ermöglichte als Levitt erwartet hatte. Ein aktuelles Symbol für beide Facetten der Globalisierung ist das iPhone: Zum einen stellt es das universell begehrte Konsumprodukt der vergangenen Jahre dar, zum anderen das Vorbild für die optimale Ausnutzung weltumspannender 20 Wertschöpfungsketten. Erdacht und gestaltet von Apple-Ingenieuren im kalifornischen Cupertino, zusammengebaut in den Fabriken des Auftragsfertigers Foxconn in der chinesischen Provinz Shenzhen mit Teilen aus aller Welt, hat es seinen Siegeszug um die Welt angetreten und Apple enorme 25 Gewinne verschafft.

Wie perfekt die Maschinerie läuft, zeigen die Ökonomen Yuqing Xing und Neal Detert in einer faszinierenden Fallstudie. Von den Speicherbausteinen über den Touchscreen bis hin zur Kamera werden sämtliche Einzelteile des iPhones in 30 anderen Ländern produziert und nach China zur Endmontage verschifft. Wichtigster Zulieferer ist Toshiba, der japanische Konzern liefert Teile im Wert von 60 Dollar. Infineon steuert Komponenten für 29 Dollar bei, Samsung aus Korea für 23 Dollar und US-Firmen nur Teile für elf Dollar. Bei Fox- 35 conn wird all das nur noch zusammengesetzt. Die chinesische

Wertschöpfung beläuft sich gerade einmal auf 3,6 Prozent der gesamten Herstellungskosten: 6,50 von 179 Dollar. Bei einem Kaufpreis von 499 Dollar bleiben hingegen 320 Dollar bei Apple hängen – was einer rekordverdächtigen Gewinnmarge von 64 Prozent entspricht. Die Berechnung zeigt eindrucksvoll, welche Profite ein Konzern einstreichen kann, der die Spielregeln der globalen Wirtschaft perfekt beherrscht. Es ist eine Welt, in der die Etiketten wie „Made in Germany" nicht mehr viel aussagen – der Wertschöpfungsanteil des Herkunftslandes wird immer kleiner. Es ist vielmehr die Leistung der Ingenieure und Designer, die heute einem globalen Produkt seine Einzigartigkeit gibt. Da sich die Konzerne aus dem globalen Talentpool bedienen, um die besten Techniker und kreativsten Köpfe zu finden, sind auch die Schöpfer der Güter längst multinationale Teams. Dass das iPhone ein amerikanisches Smartphone ist oder der BMW ein deutsches Auto, spielt sich heute vor allem im Kopf des Kunden ab. In Wahrheit regiert Levitts standardisiertes Weltprodukt – wo nötig angepasst an lokale Konsumgewohnheiten. In den vergangenen zwei Jahrzehnten war die Weltwirtschaft davon geprägt, dass sich ein Land nach dem anderen öffnete und sich den Unternehmen so eine immer größere Auswahl an Standorten für Fabriken und Callcenter bot. Die Firmen schickten ihre Einkäufer um die Welt, um die Lieferketten zu optimieren. Dieser Prozess stößt aber allmählich an seine Grenzen. Selbst in China, mit seinem doch scheinbar unerschöpflichen Reservoir an billigen Arbeitskräften, steigen sprunghaft die Löhne. Und das ist durchaus im Sinne der Regierung: China will nicht die verlängerte Werkbank der alten Industriestaaten bleiben, sondern selbst Hochtechnologie anbieten.

[...] Zugleich ist der Konsument in Europa und Nordamerika kritischer geworden. Er freut sich zwar über niedrige Preise für Textilien und Elektronik, verlangt aber auch, dass die Produkte unter menschenwürdigen Bedingungen hergestellt werden. Der Modehersteller American Apparel etwa wirbt bei seiner jungen Kundschaft damit, dass seine Jeans ausschließlich in Los Angeles genäht werden.

Außerdem stellen sich Ökonomen und Politiker im Westen immer häufiger die Frage, ob der bisherige Verlauf der Globalisierung ihren Ländern langfristig nutzt. Sogar die USA und Großbritannien, die lange den Wandel zur Dienstleistungsgesellschaft propagiert und die Finanzbranche gepäppelt haben, denken um und versuchen eine Re-Industrialisierung. Nur so, scheint es, lassen sich neue Arbeitsplätze schaffen und die schädlichen Handelsbilanzdefizite abbauen.

„Die klassischen Industrieländer haben große Teile ihrer Produktionsbasis in die Schwellenländer verlegt, aber so getan, als ob all diese Wertschöpfung noch daheim stattfände", kritisiert Mikio Kumada, Globaler Anlagestratege der LGT Capital Management mit Sitz in Singapur. „Sie haben mit geliehenem Geld ihren Lebensstandard gesteigert und sich gegenseitig Finanzdienstleistungen verkauft." Mit der Finanz- und Schuldenkrise sei diese Blase geplatzt, sagt Kumada, der als Sohn japanisch-griechischer Eltern in Russland, Deutschland und Japan aufwuchs und in Österreich studierte.

Sein Fazit: „Das iPhone-Geschäftsmodell ist am Ende." In der nächsten Phase der Globalisierung werde es nicht mehr funktionieren, im Westen entwickelte Konsumgüter mit hohem Profit in Ländern wie China billig zu produzieren und im Westen auf Pump zu konsumieren.

Das heißt aber nicht, dass in den nächsten Jahren die Fabriken aus Fernost wieder nach Nordamerika und Europa zurückverlegt werden. Dafür werden die Lohnunterschiede auch nach der Krise noch viel zu groß sein. Bis sich die Lohnkosten zwischen Industrie- und Schwellenländern angleichen, werden noch Jahrzehnte vergehen, wie eine Studie der US-Ökonomen Janet Ceglowski und Stephen Golub zeigt. Auch wenn die unterschiedliche Produktivität berücksichtigt werde, sei Arbeit in China heute immer noch um ein bis zwei Drittel günstiger als in den USA. Entsprechend waren China und Indien 2010, wie schon vor der Krise, die größten Empfänger ausländischer Investitionen. [...] [Eine andere] Studie zeigt, dass die vier großen Schwellenländer, die BRIC-Staaten Brasilien, Russland, Indien und China die großen Gewinner im globalen Standortwettkampf sind. Seit Jahren erfolgreich sind auch Mexiko, Polen und Ungarn. Aber es gibt eine zweite Reihe von Ländern, die nachrückt: Thailand etwa, die Philippinen, Bangladesch oder Rumänien. In Mittelamerika ahmen Länder wie Jamaica und Nicaragua das Erfolgsmodell Costa Ricas nach. Sie alle investieren in die Ausbildung ihrer jungen Bevölkerung, beginnen mit Fabriken und Callcentern und spezialisieren sich dann auf bestimmte Branchen oder arbeiten sich die Wertschöpfungskette hinauf. [...]

Wer gehört zu den Gewinnern, wer zu den Verlierern dieser neuen Stufe der Globalisierung? Fast alle Volkswirte sind sich sicher: Gesamtwirtschaftlich werden alle Länder davon profitieren, die sich für die globale Arbeitsteilung öffnen.

David Ricardo dürfte Recht behalten. Der britische Nationalökonom hat schon 1817 in einem einfachen Modell gezeigt, dass sich Welthandel für alle Beteiligten lohnt. Und wenige Theorien der Klassiker werden durch die moderne empirische Wirtschaftsforschung so sehr bestätigt wie Ricardos Thesen. So stellte ein Forscherteam um den Münchener Professor Gabriel Felbermayr jüngst fest: Je enger ein Land in den Welthandel eingebunden ist, desto besser entwickelt sich der dortige Arbeitsmarkt. Steigt der Anteil der Ein- und Ausfuhren am Bruttoinlandsprodukt um zehn Prozentpunkte, so sinkt die Arbeitslosenquote um fast einen Prozentpunkt – vor allem, weil die Unternehmen produktiver werden. „Offenheit gegenüber dem Welthandel erhöht langfristig nicht die strukturelle Arbeitslosigkeit", lautet das Fazit der Forscher. Die neue Konkurrenz belebt also das Geschäft.

Dirk Heilmann und Olaf Storbeck: Die nächste Welle der Globalisierung, in: Handelsblatt vom 2. Dezember 2011, S. 36–38

ARBEITSAUFTRÄGE

1. Fassen Sie die Aussagen des Textes M 7 thesenartig zusammen!

2. Stellen Sie mithilfe des Schaubilds M 6 eine globale Wertschöpfungskette eines transnationalen Konzerns dar!

3. Beurteilen Sie vor dem Hintergrund der in M 7 entwickelten Szenarien die Zukunftsaussichten der deutschen Wirtschaft!

4. Entwickeln Sie in Partnerarbeit ein eigenes Zukunftsszenario für die Position Deutschlands in der Weltwirtschaft des Jahres 2040!

4.3 Globalisierung und Entwicklung

M1 Wachstumsversprechen bleiben für viele unerfüllt

Die Flut hebt alle Boote an – so haben viele Ökonomen jahrzehntelang reagiert, wenn Kapitalismus-Kritiker sie auf die weltweite Armut ansprachen. Der ungezügelte Kapitalismus werde ganz automatisch dafür sorgen, dass sich die extrem
5 ungleichen Lebensverhältnisse angleichen. Weltweit, aber auch innerhalb der einzelnen Länder. Durch die Globalisierung steige Wachstum und Wohlstand in den Schwellen- und Entwicklungsländern. Selbst wenn anfangs davon nur die oberen Zehntausend profitieren, sickere der neue Reichtum im Zeit-
10 ablauf nach unten durch, so die These. Angelsächsische Ökonomen haben dafür den Begriff „trickle down effect" geprägt. Der Staat brauche sich daher nicht um Verteilungsfragen zu kümmern, der Markt werde es schon richten – vorausgesetzt, Steuern und Inflation sind niedrig, die Staatsfinanzen
15 in Ordnung und die Güter- und Finanzmärkte offen. Dieser sogenannte „Washingtoner Konsens" bestimmte bis vor wenigen Jahren die Politik der Weltbank und des Internationalen Währungsfonds – doch erfüllen konnte dieses Paradigma seine Versprechen nicht.
20 Weder in den Schwellen- und Entwicklungsländern noch in den reichen Volkswirtschaften hat sich die Schere zwischen Arm und Reich spürbar geschlossen. Im Gegenteil – in vielen Fällen ist sie gewaltig gewachsen. Der australische Volkswirt John Quiggins, Autor des Buches „Zombie Economics", zählt
25 die „trickle down"-These zu den wirtschaftswissenschaftlichen Theorien, die auf ganzer Linie gescheitert sind.
Selbst in Ostasien, einer Region, die wie kaum eine andere in den vergangenen Jahren von der Globalisierung profitiert hat, leben nach Angaben der Weltbank 39 Prozent der Men-
30 schen in absoluter Armut – sie müssen pro Tag mit maximal zwei US-Dollar über die Runden kommen. Noch schlimmer ist die Situation in Afrika südlich der Sahara und in Südasien: Dort leben nach Weltbank-Angaben jeweils rund drei Viertel aller Menschen von weniger als zwei US-Dollar pro Tag.
35 Wie deutlich das Wirtschaftswachstum der vergangenen beiden Jahrzehnte an den Armen vorbeiging, zeigt eine Studie der Volkswirte Ravi Kanbur und Andy Sumner. Demnach lebten vor 20 Jahren 93 Prozent der Armen der Welt in Staaten, die gemessen an ihrem durchschnittlichen Pro-Kopf-Einkommen
40 zu den globalen Schlusslichtern gehörten. Heute sieht das anders aus: Fast drei Viertel aller Armen leben in Staaten, die gemessen an ihrem durchschnittlichen Pro-Kopf-Einkommen im weltweiten Mittelfeld liegen. Ein Beispiel dafür ist China: Im Reich der Mitte ist das Pro-Kopf-Einkommen in der reichsten
45 Region inzwischen 13-mal so hoch wie in der ärmsten Gegend. Die Forscher sprechen von einer „neuen Geografie der Armut" und betonen: „Angesichts der derzeitigen Trends wird das noch für viele Jahre so bleiben."
Auch in den Industriestaaten haben in den vergangenen
50 Jahrzehnten fast nur die oberen Zehntausend vom Wirtschaftswachstum vergangener Jahrzehnte profitiert: Die Menschen, die mehr Geld haben als die restlichen 99 Prozent der Bevölkerung, beziehen heute rund 20 Prozent des gesamten Einkommens. Bis Ende der 70er-Jahre waren es noch
55 weniger als halb so viel. Noch extremer ist das Bild, wenn man nur die wohlhabendsten 0,01 Prozent der Menschheit

betrachtet: Auf diese kleine Gruppe entfallen heute mehr als fünf Prozent des gesamten Einkommens. Vor 30 Jahren war es nur rund ein Prozent.
In den Hochlohnländern zählen vor allem Menschen mit ge- 60 ringer Ausbildung zu den Verlierern der Globalisierung – vor allem Industrie-Unternehmen haben viele einfache Jobs in Schwellen- und Entwicklungsländer verlagert.
Auch die unter liberalen Ökonomen beliebte These, dass ein gewisses Maß an Ungleichheit eine Voraussetzung dafür ist, 65 dass es hohes Wachstum gibt, ist inzwischen entkräftet. Ein Forscherteam um Dan Andrews von der Harvard University hat den Zusammenhang zwischen Ungleichheit und Wachstum am Beispiel von zwölf Industriestaaten und für die Jahre von 1905 bis 2000 untersucht. Das Fazit ist eindeutig: „Wir finden 70 keine systematische Beziehung zwischen dem Einkommensanteil der Topverdiener und dem Wirtschaftswachstum."

Olaf Storbeck: Wachstumsversprechen bleiben für viele unerfüllt, in: Handelsblatt Nr. 194 vom 7. Oktober 2011, S. 69

M2 Globalisierung – wer gewinnt?

Sind die Folgen der Globalisierung positiv oder negativ? Wer gerade seinen Job verloren hat oder seit Jahren von Sozialhilfe lebt, ist mit seinem Urteil rasch zur Hand: Die Globalisierung sei schuld an dem persönlichen Unglück. Sie vernichte Arbeitsplätze und zerstöre den Wohlfahrtsstaat. Sie mache es 5 möglich, dass Firmen Standorte in Billiglohnländer verlagern und vermögende Steuerzahler ins Ausland flüchten. Sie führe zu einem weltweiten Kampf um Wohlstand, bei dem die Reichen immer reicher und die Armen immer ärmer werden. Das negative Urteil ist verständlich. Denn aller gesellschaftli- 10 chen Solidarität zum Trotz ist der Mensch vor allem ein Egoist. Was kümmert es den Einzelnen, der sich schlecht behandelt fühlt, dass es der Welt insgesamt besser geht? [...]

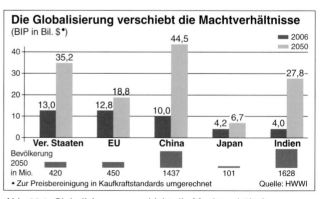

Abb. 66.1: Globalisierung verschiebt die Machtverhältnisse

Globalisierung ist kein Nullsummenspiel, bei dem der eine nur das gewinnen kann, was der andere verliert. Sie hebt die 15 Boote insgesamt, aber eben nicht alle mit derselben Welle. Deshalb ist die Feststellung richtig, dass sich in den letzten Jahren die Schere zwischen Reich und Arm weiter geöffnet hat. Aber in Asien und Lateinamerika haben gerade die Länder aufgeholt, die sich globalisiert haben. Afrika ist zurück- 20 gefallen, denn der Kontinent ist in weiten Teilen von der Globalisierung abgeschnitten.

[...] Innerhalb der Länder sind die Wirkungen ähnlich. Profitiert haben jene Menschen, die sich rasch und erfolgreich
25 angepasst haben. Verloren haben jene, die nicht reagieren wollten oder konnten. [...] Auch die Globalisierung verhindert nicht, dass Menschen ihre Jobs verlieren. Sie hilft jedoch nachhaltiger als jede Alternative, neue Jobs zu schaffen. [...] Für Arbeiter, vor allem wenn sie weniger gut qualifiziert sind,
30 zeigt die Globalisierung ein dunkleres Gesicht. [...]
Was auf dem Arbeitsmarkt zwischen Gewinnern und Verlierern genau passiert, lässt sich mit dem Häuptling-Indianer-Modell veranschaulichen, Volkswirte kennen das als „Stolper-Samuelson-Theorem". Fach- und Führungskräfte sind die
35 Häuptlinge, aber auch Firmen und deren Maschinen. Aber die Globalisierung hat viel mehr Indianer mit sich gebracht: wenig qualifizierte Arbeitskräfte für einfache, standardisierte Tätigkeiten. [...] Indianerarbeit wird nun im Überfluss angeboten und ist dadurch billig geworden. Hingegen fehlt es an
40 Häuptlingen, um die Masse der Indianer zu führen. Als Folge hat sich das Machtgleichgewicht weg von den Indianern hin zu den Häuptlingen verschoben. Die westeuropäischen Arbeitnehmer haben in wenigen Jahren verloren, was sie über viele Jahrzehnte von den Arbeitgebern an Rechten und Zu-
45 sagen erstritten und erkämpft hatten. Manager, Fach- und Führungskräfte hingegen konnten ihre Ansprüche gewaltig nach oben schrauben und in der Regel auch durchsetzen, zum Beispiel beim Lohn.
Die Globalisierung beschleunigt wirtschaftliche und gesell-
50 schaftliche Veränderungen. Die Anpassungskosten können nicht vermieden, sondern nur verringert werden. Sie sind besonders hoch, wenn die nationale Wirtschaftspolitik zu lange an alten Strukturen festhält und nicht rasch und effizient auf geänderte Rahmenbedingungen reagiert. Dieses Staats- und
55 Politikversagen lässt sich nicht dadurch korrigieren, dass man die Globalisierung zu verhindern sucht. [...]

Thomas Straubhaar, Warum macht Globalisierung Angst?,
Frankfurter Allgemeine Sonntagszeitung vom 10. Juni 2007,
Nr. 23, S. 58
Straubhaar ist Direktor des Hamburgischen Weltwirtschafts-
Instituts (HWWI).

M3 China wird den Deutschen zu teuer

Der Standort Schanghai des Nürnberger Autozulieferers Leoni ist auf den ersten Blick ein typisch chinesischer Industriebetrieb: Wenige Maschinen sind zu sehen, dafür arbeiten Hunderte von Menschen. Leoni produziert in China Kabel
5 für Daimler, VW und General Motors. Der chinesische Markt wächst schnell, das Geschäft brummt – und dennoch gibt es Sorgen. „China ist kein Billigstandort mehr", sagt Leoni-Vorstand Uwe Lamann. „Unser Automatisierungsgrad ist sehr gering, und die Löhne legen kräftig zu." Um rund 14 Prozent
10 werden die Lohnkosten in diesem Jahr steigen, im kommenden Jahr voraussichtlich um weitere 13 Prozent. Laut denkt der Manager bereits darüber nach, mehr Produktion aus Schanghai nach Vietnam zu verlagern.
Der Hamburger Modehersteller Tom Tailor ist bereits so weit:
15 Noch lässt er ein knappes Drittel seiner Produkte in China fertigen. Wegen der hohen Lohnkosten hat er aber bereits beschlossen, einen Teil der Produktion nach Indonesien und Bangladesch zu verlagern.

Der jüngsten Umfrage der deutschen Handelskammer in China zufolge sind die drängendsten Probleme der deutschen 20 Unternehmen die Kosten und die Verfügbarkeit von Arbeitskräften. „Wir sehen den Abschied vom Wirtschaftsmodell, das sich allein auf niedrige Löhne stützt", sagt Yuan Gangming von der Qinghua-Universität in Peking. Der Lohnanstieg ist politisch durchaus gewollt, da steigende Binnennachfrage 25 die Exportabhängigkeit der Wirtschaft verringern soll. China hat seine Zeit als globaler Billigheimer zudem immer nur als Übergangsphase zu echtem Wohlstand verstanden. Jetzt ist es so weit: Die Nachbarländer Südkorea und Japan haben es vorgemacht – dort verlangten die Arbeiter mit zunehmen- 30 dem Wohlstand auch deutlich höhere Löhne. Nun ist China dran.
Die Lohnsteigerungen im Reich der Mitte haben jedoch auch für die Firmen eine positive Seite: Steigende Kaufkraft bringt auch deutschen Produkten mehr Kunden vor Ort. Das hilft 35 auch Leoni. Denn trotz der steigenden Löhne bleibt das Unternehmen in China auf Wachstumskurs. Die Leoni-Kunden Daimler und VW profitieren vom Konsumhunger der Mittel- und Oberschicht. [...] Für 2012 ist ein Zuwachs um dreißig Prozent geplant. 40
[...] Die Autobauer verlangen von Leoni schnelle und preiswerte Lieferungen in hoher Qualität. In Schanghai geht das nur mit Wanderarbeitern, die früher fast unbegrenzt zur Verfügung standen. Doch kalkulieren lässt sich damit immer weniger: „Nach dem chinesischen Neujahrsfest im Februar 45 sehen wir einen Teil unserer Beschäftigten nicht wieder", sagt Lamann. Vor allem viele Arbeiterinnen bleiben nach einem Jahr Arbeit bei ihren Familien auf dem Land – und das Unternehmen muss neue Kräfte anlernen. [...]
Die Firmen können sich immerhin damit trösten, dass sie alle 50 vor dem gleichen Problem stehen. „Das neue Arbeitsrecht führt auch bei uns zu Kostensteigerungen", sagt Liang Haishan, Vizechef des Elektrogeräteanbieters Haier aus Qingdao. Doch wie viele chinesische Firmen hat auch er eine Lösung gefunden: „Wir können noch sehr viel auf der Produktivitäts- 55 seite machen. Durch Automatisierung werden wir am Ende die Marge sogar erhöhen."
Auch deshalb erwarten Experten keine massenhafte Abwanderung aus China. Konzerne wie Volkswagen argumentieren, dass sie ihre Arbeiter schon jetzt deutlich über dem Markt- 60 preis bezahlen. „Das Land hat zudem noch andere Vorteile wie gut ausgebildeten Nachwuchs, eine ausgereifte Infrastruktur und eingespielte Lieferketten", sagt der Ökonom Peng Wensheng von Barclays Capital.

Markus Fasse und Finn Mayer-Kuckuck: China wird Deutschen zu
teuer, in: Handelsblatt vom 14. November 2011, S. 22

ARBEITSAUFTRÄGE

1. Stellen Sie die Aussagen in M1 und M2 thesenartig zusammenfassend gegenüber!

2. Erörtern Sie auf Grundlage von M3 sowie Ihrer Ergebnisse aus Aufgabe 1, ob sich aus den Materialien Belege dafür ableiten lassen, dass Globalisierung und Freihandel perspektivisch Vorteile für Entwicklungsländer in Asien und Afrika einerseits oder für Deutschland andererseits bringen werden!

Operatoren für das Fach Politik

Hinweis: Die empfohlene Operatorenliste und die jeweilige Zuordnung zu den Anforderungsbereichen sind nicht vollständig. Darüber hinaus bestimmen im Einzelfall der Schwierigkeitsgrad des Inhalts bzw. die Komplexität der Aufgabenstellung die Zuordnung zu den Anforderungsbereichen. Operatoren sind handlungsinitiierende Verben, die signalisieren, welche Tätigkeiten beim Bearbeiten von Prüfungsaufgaben erwartet werden. In der Regel sind sie den einzelnen Anforderungsbereichen zugeordnet.

Operatoren, die Leistungen im **Anforderungsbereich I** (Reproduktion) verlangen:

beschreiben	strukturiert und fachsprachlich angemessen Materialien vorstellen und/oder Sachverhalte darlegen
gliedern	einen Raum, eine Zeit, oder einen Sachverhalt nach selbst gewählten oder vorgegebenen Kriterien systematisierend ordnen
wiedergeben	Kenntnisse (Sachverhalte, Fachbegriffe, Daten, Fakten, Modelle) und/oder (Teil-)Aussagen mit eigenen Worten sprachlich distanziert, strukturiert und damit unkommentiert darstellen
zusammen-fassen	Sachverhalte auf wesentliche Aspekte reduzieren und sprachlich distanziert strukturiert und unkommentiert wiedergeben

Operatoren, die Leistungen im **Anforderungsbereich II** (Reorganisation und Transfer) verlangen:

analysieren	Materialien, Sachverhalte oder Räume kriterienorientiert oder aspektgeleitet erschließen und strukturiert darstellen
charakterisieren	Sachverhalte in ihren Eigenarten beschreiben, typische Merkmale kennzeichnen und diese dann gegebenenfalls unter einem oder mehreren bestimmten Gesichtspunkten zusammenführen
einordnen	begründet eine Position/Material zuordnen oder einen Sachverhalt begründet in einen Zusammenhang stellen
erklären	Sachverhalte so darstellen – gegebenenfalls mit Theorien und Modellen –, dass Bedingungen, Ursachen, Gesetzmäßigkeiten und/oder Funktionszusammenhänge verständlich werden
erläutern	Sachverhalte in ihren komplexen Beziehungen an Beispielen und/oder Theorien verdeutlichen (auf Grundlage von Kenntnissen bzw. Materialanalyse)
herausarbeiten	Materialien auf bestimmte, explizit nicht unbedingt genannte Sachverhalte hin untersuchen und Zusammenhänge zwischen den Sachverhalten herstellen
in Beziehung setzen	Zusammenhänge zwischen Materialien, Sachverhalten aspektgeleitet und kriterienorientiert herstellen und erläutern
nachweisen	Materialien auf Bekanntes hin untersuchen und belegen
vergleichen	Gemeinsamkeiten, Ähnlichkeiten und Unterschiede von Sachverhalten kriterienorientiert darlegen

Operatoren, die Leistungen im **Anforderungsbereich III** (Reflexion und Problemlösung) verlangen:

beurteilen	den Stellenwert von Sachverhalten oder Prozessen in einem Zusammenhang überprüfen, um kriterienorientiert zu einem begründeten Sachurteil zu gelangen
entwickeln	zu einem Sachverhalt oder zu einer Problemstellung eine Einschätzung, ein konkretes Lösungsmodell, eine Gegenposition oder ein Lösungskonzept inhaltlich weiterführend und/oder zukunftsorientiert darlegen
erörtern	zu einer vorgegebenen Problemstellung eine reflektierte, abwägende Auseinandersetzung führen und zu einem begründeten Sach- und/oder Werturteil kommen
interpretieren	Sinnzusammenhänge aus Quellen erschließen und eine begründete Stellungnahme abgeben, die auf einer Analyse, Erläuterung und Bewertung beruht
Stellung nehmen	Beurteilung mit zusätzlicher Reflexion individueller, sachbezogener und/oder politischer Wertmaßstäbe, die Pluralität gewährleisten und zu einem begründeten eigenen Werturteil führen
überprüfen	Inhalte, Sachverhalte, Vermutungen oder Hypothesen auf der Grundlage eigener Kenntnisse oder mithilfe zusätzlicher Materialien auf ihre sachliche Richtigkeit bzw. auf ihre innere Logik hin untersuchen

Beschlüsse der Kultusministerkonferenz: Einheitliche Prüfungsanforderungen in der Abiturprüfung. Sozialkunde/Politik, hrsg. vom Sekretariat der Ständigen Konferenz der Kultusminister der Länder in der Bundesrepublik Deutschland, Stand: 20. November 2009, abgerufen unter www.nibis.de/nli1/gohrgs/operatoren/operatoren_ab_2012/2009_10Ek_Ge_Po_neu.pdf am 30. Januar 2013

Klausuren – Strategien und praktische Hinweise

Allgemeine Anmerkungen

Klausuren sind eine Form der schriftlichen **Präsentation**. Sie sollen dem Lehrer und den Schülern schriftlich Aufschluss darüber geben, inwieweit Lernergebnisse erreicht wurden. Hierbei sollen die Kompetenzen in der selbstständigen, problemgerechten Materialauswertung, der stringenten Gedankenführung, der fach- und sachgerechten schriftlichen Darstellung und der Bewältigung einer Aufgabenstellung in vorgegebener Zeit überprüft werden.

Grundsätzlich wird ein klarer und verständlicher Aufbau, eine inhaltlich richtige und in sich logische Darstellung („**roter Faden**") mit einem stetigen **Materialbezug** sowie einer sprachlich einwandfreien Formulierung im Sinne der vorgegebenen Aufgabenstellung erwartet. Da Klausuren aus dem Unterricht hervorgehen sollen, ist Ihre persönliche **Unterrichtsmitschrift**, die in komprimierter Form wiedergibt, was in der Klausur vorausgesetzt wird (neben **Schulbuch/Themenheften** und **Arbeitblättern**), zur Vorbereitung besonders wichtig. Allerdings steht bei Klausuren meist die Auseinandersetzung mit dem beigegebenen **Material** im Vordergrund; keinesfalls geht es darum, auswendig gelerntes Wissen ohne Rücksicht auf die Aufgabenstellung möglichst vollständig abzuspulen. Aufgrund der vielfältigen Formen von Klausuren wird im Folgenden schwerpunktmäßig eine mögliche Bearbeitungsstrategie für eine „dreischrittige" Klausur (Feststellen/Beschreiben, Begründen/Anwenden und Beurteilen/Bewerten) aufgezeigt.

Vorarbeit

Themen- und Aufgabenstellung sollten Sie genau lesen (Verständnisfragen JETZT stellen!), da diese die „Bearbeitungsrichtung" für die Materialien angeben. Das Thema der Klausur bzw. die **Aufgabenstellungen** müssen Sie konsequent im Auge behalten.

Eine erste Erarbeitung der Materialien dient dem Überblick. Dabei sollten Sie auf einem **Konzeptpapier** eine **Gliederung** entwickeln und den einzelnen Aufgaben Inhalte, Materialien sowie Schlüsselbegriffe und Fachausdrücke stichwortartig zuordnen. Durch die Gliederung fällt es erfahrungsgemäß leichter, einen „roten Faden" zu entwickeln sowie Auslassungen und Wiederholungen zu vermeiden.

Nachdem Sie sich einen groben Überblick verschafft haben, werten Sie die **Arbeitsmaterialien** zur ersten Aufgabenstellung genau aus. Es bietet sich an, **Kernaussagen** am Material zu notieren bzw. Tendenzen im Material farbig zu **markieren**. Mitunter ist es wichtig, Aussagen aus unterschiedlichen Materialien miteinander **zu verknüpfen**. Achten Sie darauf, sich für die einzelnen Teilaufgaben eine angemessene **Bearbeitungszeit** einzuteilen und diese auch einzuhalten. Als Anhaltspunkt können Sie die Gewichtung der Aufgaben heranziehen.

Ausarbeitung

Die schriftliche Ausarbeitung muss inhaltlich und formal klar **gegliedert** sein. Formale Gliederungshilfen sind u.a. Absätze, Unterstreichungen und Zwischenüberschriften. Häufig ist es sinnvoll, jede Aufgabe auf einer neuen Seite zu beginnen (ggf. auch für spätere Ergänzungen). Die schriftliche Ausformulierung sollte mit einer kurzen **Einleitung** beginnen, mit der ins Thema eingeführt wird. Bei einer Text- oder Grafikanalyse ist zunächst die **Quelle** vorzustellen (von wem geschrieben, wann und wo veröffentlicht; Überschrift/Thema). Bei Beschreibungen ist in der Regel zuerst eine überblicksartige Grobgliederung zum besseren Verständnis sinnvoll. Dem folgt eine exakte Beschreibung der themenrelevanten Aspekte. Wichtig ist, die **Kernaussage** (Hauptthese) besonders hervorzuheben, indem Sie diese z.B. gleich am Anfang – nach der Einleitung – herausstellen.

Sie sollten nicht nur auf sachlich und fachlich exakte Formulierungen (Fachausdrücke sind wie Vokabeln zu lernen!) achten, sondern auch auf **Rechtschreibung**, Zeichensetzung und Grammatik. Ungebräuchliche Abkürzungen sind zu vermeiden. Zahlen von null bis zwölf werden ausgeschrieben. Wörtliche Übernahmen von Textpassagen sind auf die zentrale Aussage zu reduzieren und als Zitat zu kennzeichnen (z.B.: „...", M 1, Z. 10–13).

Aussagen bzw. Darlegungen sind stets eindeutig durch **Materialangaben** zu belegen bzw. abzusichern (Materialanbindung). Vermutungen sind sprachlich als solche kenntlich zu machen (z.B.: „Aufgrund von M1 ist zu vermuten, dass ..."). Absolute Aussagen führen in der Regel zu fachlich falschen Aussagen, da zahlreiche andere Faktoren nicht berücksichtigt wurden. Vermeiden Sie pauschale Aussagen und inhaltlose Ausschmückungen. Steht Ihnen nach der schriftlichen Ausarbeitung noch Zeit zur Verfügung, sollte diese zur ersten **Kontrolle** genutzt werden (siehe S. 70: Selbstcheck-Liste). Zu frühes Abgeben ist verschenkte Zeit, denn noch können Sie Fehler ausmerzen und Ergänzungen einfügen. Grundsätzlich ist zu kontrollieren, ob die jeweilige Aufgabenstellung genau erfüllt, alle Materialien genutzt, Aussagen vernetzt und aufeinander bezogen wurden. Neben den obigen Aspekten sollten Sie insbesondere die stetige Materialanbindung überprüfen.

Aus Klausuren lernen

Nach der Rückgabe der Klausur sollten Sie die Randbemerkungen und – soweit vorhanden – den Schlusskommentar aufmerksam durchlesen (ggf. durch Rückfragen klären), Ihre wichtigsten Fehler in einer Checkliste notieren und die Fehler durch zusätzliche Übungen beseitigen.

Ist	**Gründe**	**Soll**	**Maßnahmen**
Stärken und Schwächen in der Klausur Problemfelder	Gründe für die Stärken und Schwächen Ursachen-analyse	Worin will ich mich verbessern? Zielsetzung	Was kann ich tun, um mich in ausgewählten Bereichen zu verbessern?

Selbstcheck-Liste

Wenn Sie noch Zeit haben, sollten Sie vor dem Wörterzählen bzw. vor Abgabe der Klausur in Ruhe die folgende Checkliste durchgehen, um häufige Fehler zu vermeiden.

- ☑ Alle Blätter mit Namen und Seitenzahlen versehen?
- ☑ Bei der Textarbeit: In der Einleitung die Quelle angegeben?
- ☑ Die wichtigsten Aussagen am Anfang oder auf andere Weise als Kernaussagen hervorgehoben?
- ☑ Argumente im eigenen Text belegt?
- ☑ Bei Verweisen auf die Materialien: Zeilenangaben nicht vergessen?
- ☑ Bei Zitaten und indirekter Rede den Konjunktiv verwendet oder auf andere Weise deutlich gemacht, dass die Ansichten die des zitierten Autors und nicht die eigenen Ansichten sind?
- ☑ Rechtschreibprüfung (z. B. das oder dass)!

Unser Online-Angebot für Sie

Für Ihre Abiturvorbereitung finden Sie auf www.klett.de für jedes Halbjahr der Qualifizierungsphase eine **Übersichtsmatrix**, welche die Abiturschwerpunkte 2015 mit den geforderten Kompetenzen des Kerncurriculums verknüpft. Mithilfe der Übersichten können Sie dokumentieren, welche Themen Sie schon erarbeitet und gegebenenfalls wiederholt haben. Zusätzlich zeigen die Übersichten, auf welchen Seiten der Basisbände der Reihe „politik. wirtschaft. gesellschaft." Sie für die gezielte Abiturvorbereitung nachschlagen können.

Geben Sie dazu den Online-Code ins Suchfeld auf

www.klett.de

ein.

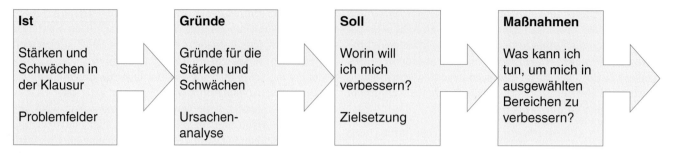

Übersichtsmatrix für Abiturschwerpunkte 2015

Semester 11/1:
Demokratie und sozialer Rechtsstaat

rn69hv

Übersichtsmatrix für Abiturschwerpunkte 2015

Semester 11/2:
Wirtschaftspolitik in der sozialen Marktwirtschaft

rj3i84

Übersichtsmatrix für Abiturschwerpunkte 2015

Semester 12/1:
Internationale Sicherheits- und Friedenspolitik

pz76zf

Übersichtsmatrix für Abiturschwerpunkte 2015

Semester 12/2:
Internationale Wirtschaftsbeziehungen

2k4rz5

Glossar

Africom (United States Africa Command) bezeichnet das Regionalkommando der US-Streitkräfte für Afrika. Seit 2008 werden durch das Kommando alle militärstrategischen Operationen für den afrikanischen Raum, wenn notwendig auch mit zivilen Organisationen, geplant. (siehe Seite 45)

Afrikanische Union: Sie besteht aus 54 afrikanischen Staaten, die in der Nachfolge der Organisation für Afrikanische Einheit (OAU) im Jahr 2002 zur Afrikanischen Union (AU) wurden. Diese internationale Organisation versucht nach europäischem Vorbild Strukturen und Kooperationen zwischen den Mitgliedsstaaten zu erreichen. (siehe Seite 54)

Arabische Liga: Sie wurde am 22. März 1945 in Kairo (Hauptsitz) gegründet und besteht aus 22 Mitgliedern, zu denen auch das palästinensische Autonomiegebiet gehört. Ziele sind die Stärkung arabischer Interessen und Streitschlichtung untereinander. (siehe Seite 54)

Bedarfsgemeinschaft: Personengemeinschaft eines Haushalts nach dem SGB II (Hartz IV). Der Gedanke der Bedarfsgemeinschaft geht davon aus, dass unter bestimmten persönlichen oder verwandtschaftlichen Beziehungen zusammenlebende Personen sich gegenseitig materiell unterstützen und somit bei der Zahlung sozialer Leistungen gemeinsam betrachtet werden müssen. (siehe Seite 12)

Crowdsourcing ist die Auslagerung von Leistungen aus Unternehmen ins Internet, wie z. B. bei *wikipedia* in Form einer Informationsbeschaffung durch Nutzung einer Vielzahl von Meinungen anstatt nur einer Expertenansicht. Crowdsourcing ist auch in Internet-Foren zu beobachten. (siehe Seite 21)

Demografie bezeichnet die Bevölkerungsforschung; unter demografischem Wandel versteht man derzeit den Anstieg des Durchschnittsalters der deutschen Bevölkerung. (siehe Seite 8)

Diktatur bezeichnet eine Herrschaftsform, bei der die staatliche Macht in den Händen einer Einzelperson oder -gruppe liegt und demokratische Rechte abgeschafft worden sind. (siehe Seite 44)

DRM (**D**igital **R**ights **M**anagement), auch **digitale Rechteverwaltung,** ist ein Verfahren zur Nutzungskontrolle digitaler Medienformate (z. B. MP3- oder Wave-Dateien). (siehe Seite 20)

Föderalismus (lat. *foedus* = der Bund) bezeichnet den Zusammenschluss von (meistens) selbstständigen Gebieten zu einem Bund. Den Zusammenschluss von Staaten oder Ländern nennt man Bundesstaat. Dabei werden häufig von den Bundesstaaten einzelne Rechte auf den Bund übertragen, z. B. die Bildung einer Bundesregierung oder die Aufstellung von Streitkräften. (siehe Seite 43)

Genealogie bezeichnet die Lehre der Ahnen- und Familienforschung. (siehe Seite 11)

Gini-Koeffizient: ein statistisches Maß zur Feststellung der Verteilung von etwas; bei völliger Gleichverteilung nimmt der Gini-Koeffizient den Wert Null an, der höchstmögliche Wert bei maximaler Konzentration beträgt 1. (siehe Seite 23)

Hartz IV: Kurzbezeichnung für Arbeitsmarktreformen, die auf Vorschlägen der „Kommission für moderne Dienstleistungen am Arbeitsmarkt" (unter Leitung von Peter Hartz) beruhen. Grundgedanke ist, mittels durchgreifender, technisch-organisatorischer Verbesserung der Arbeitsvermittlung jedem die Möglichkeit zu geben, sein Leben auf Erwerbsarbeit zu gründen („Fördern und Fordern"). Nach der Bundestagswahl 2002 wurden die Gesetze I bis IV (= Hartz I bis IV) eingebracht. Hartz I und II (2003): Einrichtung von Personal-Service-Agenturen zur Unterstützung der Vermittlungsleistung der Arbeitsämter, die Aufwertung der Leiharbeit, die Förderung von geringfügiger Beschäftigung und von Selbstständigkeit aus der Arbeitslosigkeit sowie die Verschärfung von Regeln über die Zumutbarkeit angebotener Arbeit. Hartz III (2004): Umbau der Arbeitsverwaltung zur Bundesagentur für Arbeit. Hartz IV (2005): Zusammenlegung von Arbeitslosenhilfe und Sozialhilfe zum neuen Arbeitslosengeld II. (siehe Seite 12 ff.)

Institutionen (politische): So werden im engeren Sinne die Einrichtungen des politischen Systems bezeichnet, wie Bundestag, Bundeskanzler, Verfassung, staatliche Organe. Im weiteren Sinne sind Institutionen auch Regelwerke, Normen, Sitten, gesellschaftliche Funktionen. (siehe Seite 9)

Laizismus: eine weltanschauliche Richtung, die die radikale Trennung von Staat und Kirche fordert, bzw. rein staatliche Institutionen (z. B. staatliche, nicht konfessionell gebundene Schulen). (siehe Seite 11)

Muslimbrüder sind Angehörige der 1928 in Ägypten gegründeten Muslimbruderschaft. Ziel der Organisation ist die Durchsetzung islamischer Moralvorstellungen, die auch immer wieder zu Gewaltanwendung geführt hat. Heute ist die Muslimbruderschaft eine der einflussreichsten Gruppierungen in Ägypten, Jordanien und einigen weiteren Staaten in Afrika und dem Nahen Osten. Bekanntester – allerdings zum Amtsantritt ausgetretener – Muslimbruder ist der (seit Juni 2012) ägyptische Präsident Mohammed Mursi. (siehe Seite 55)

Planfeststellung: ein mehrschrittiges Verfahren zur Beteiligung der Bürger bei bestimmten öffentlichen Bauvorhaben, v. a. Verkehrswegen. (siehe Seite 19)

Regelleistungen/Regelsatz: In sozialpolitischem Zusammenhang ist damit der durchschnittliche finanzielle Unterstützungsbedarf für Personen nach SGB II (Hartz IV) gemeint. Der Regelsatz ist altersabhängig und wird aus verschiedenen Bedarfskategorien (u. a. Nahrung, Wohnen ohne Mietkosten, Freizeit, Gesundheit) ermittelt. (siehe Seite 12)

Republik ist eine Staatsform, bei der das Volk die Macht für eine begrenzte Zeit in die Hände gewählter Vertreter legt. (siehe Seite 43)

Souverän/Souveränität bedeutet völkerrechtlich die Unabhängigkeit eines Staates bei seinen innen- und außenpolitischen Entscheidungen. (siehe Seite 43)

Spin-Doktor (engl. *spin-doctor*): Medienberater für Politiker, der der Darstellung der Person oder der Sache den richtigen „Dreh" (= *spin*) verleihen soll mit dem Ziel, die Außenwirkung zu beeinflussen, z. B. im Wahlkampf. (siehe Seite 5)

Wahlsoziologie beschäftigt sich mit den Theorien und Ursachen des Wählerverhaltens. (siehe Seite 11)

Bildquellennachweis

Cover.1 Fotolia.com (ChristianSchwier.de), New York; **Cover.2** Fotolia.com (Gina Sanders), New York; **Cover.3** S.Alias - Fotolia.com; **Cover.4** Blickwinkel, Witten; **4** BPK (Staatsbibliothek zu Berlin), Berlin; **5** Mester, Gerhard, Wiesbaden; **7** Picture-Alliance (dpa/Jörg Carstensen), Frankfurt; **9** toonpool.com (FEICKE), Berlin; **10** shutterstock (alxhar), New York, NY; **13.links** ddp images GmbH (AP/Winfried Rothermel), Hamburg; **13.rechts** picture-alliance/dpa-infografik. Grafik: Caterine Bollinger, Redaktion: Dr. Bettina Jütte; **14.1** picture-alliance/dpa-Grafik. Grafik:Daniel Dytert, Redaktion: C. Elmer; **14.2** Bundesministerium für Arbeit und Soziales, Berlin; **14.3** Bayerisches Staatsministerium für Arbeit und Sozialordnung, Familie und Frauen; **15.1** SPD - Der Parteivorstand, Berlin; **15.2** BÜNDNIS 90/DIE GRÜNEN; **15.3** ddp images GmbH (dapd/Steffi Loos), Hamburg; **17** toonpool.com (Jan Tomaschoff), Berlin; **18** Picture-Alliance (dpa), Frankfurt; **19** dreamstime.com (Salih Külcü), Brentwood, TN; **20.1** Piratenpartei Deutschland (Frederik Bordfeld), Berlin; **20.2** Picture-Alliance (dpa), Frankfurt; **21** Mohr, Burkhard, Königswinter; **23** © 2012 Ernst Klett Verlag GmbH für diese deutsche Version (verantwortlich für die Qualität der Übersetzung und die Übereinstimmung mit dem Originaltext). Mit freundlicher Genehmigung der OECD, Paris. Im Original veröffentlicht in Englisch durch die OECD unter dem Titel: OECD (2011), Divided We Stand: Why Inequality Keeps Rising, OECD Publishing. http://dx.doi.org/10.1787/9789264119536-en; **24** Bergmoser + Höller Verlag, Aachen; **30** richter-publizistik, bonn, Bonn; **33** metronom Eisenbahngesellschaft mbH, Hagen Grützmacher; **34** shutterstock (Norman Pogson), New York, NY; **36** Klett-Archiv (Stefan Prochnow), Stuttgart; **38** Fotolia.com (rare), New York; **42** shutterstock (Georgios Kollidas), New York, NY; **43.1** Library of Congress [Thomas Hobbes: Cover "Leviathan" 1651]; **44** Picture-Alliance (dpa/dpaweb), Frankfurt; **45** Die Presse Verlags-G.m.b.H. & Co KG, Wien; **46** Picture-Alliance (dpa Infografik), Frankfurt; **47** Picture-Alliance (dpa Infografik), Frankfurt; **48** Picture-Alliance (dpa Infografik), Frankfurt; **49** Picture-Alliance (dpa Infografik), Frankfurt; **54** Picture-Alliance (dpa-Grafik), Frankfurt; **56** Haitzinger, Horst, München; **60** Bergmoser + Höller Verlag, Aachen; **63** Bundeszentrale für politische Bildung, Berlin, 2009/CC by nc-n/3.0/de; **64** KircherBurkhardt Infografik, Berlin

Sollte es in einem Einzelfall nicht gelungen sein, den korrekten Rechteinhaber ausfindig zu machen, so werden berechtigte Ansprüche selbstverständlich im Rahmen der üblichen Regelungen abgegolten.